AF423694

الحَرِّيق

إبراهيم المطولي

الحَرِّيق

إصدارات دائرة الثقافة، حكومة الشارقة 2022م

الناشر: دائرة الثقافة ـ حكومة الشارقة ـ الإمارات العربية المتحدة

الهاتف: ‎+971 6 5123333‎

البرّاق: ‎+971 6 5123303‎

الموقع الإليكتروني: www.sdc.gov.ae

البريد الإليكتروني: sdc@sdc.gov.ae

تصميم الغلاف: ضياء الدين الدوش

____

813.03

م ا . ح   المطولي، إبراهيم

الحريق / إبراهيم المطولي.ـ الشارقة، الإمارات العربية المتحدة : دائرة الثقافة، 2022.

132 ص ؛ 21x14 سم.

الفائز بالمركز الأول في مجال الرواية بجائزة الشارقة للإبداع العربي، الإصدار الأول، 2021-2022.

1. القصص العربية ـ مصر – دواوين وقصائد

أ. العنوان   ب. جائزة الشارقة للإبداع العربي (25 : 2021)

ISBN: 978-9948-826-43-9

(إنه يطفئ لهيب الحريق الذي بين الخلائق، ويُقال عنه إنه راعي كل الناس، ولا يحمل في قلبه شرّاً، وحينما تكون قطعانه قليلة العدد فإنه يصرف يومه في جمع بعضها إلى بعض. فأين هو اليوم؟ هل هو بطريق الصدفة ينام؟)

القصيدة الخامسة أقوال إيبّور الأسرة السادسة
حوالي 2500 ق م

(بني صالح: مِن القرى القديمة، اسمها الأصلي "بني مجنون"،
وهم جماعة من عرب بني مجنون؛ فخذ من كلاب، استوطنوها
فعُرِفت بهم، كما ورد في تاريخ الفيوم وبلاده، ثم وردت في قوانين
ابن مماتي من أعمال الفيومية.

ولاستهجان اسم "بني مجنون" في نظر أهلها الحاليين، طلب علي
بك صالح الذي كان عمدة لها، تغييره وتسميتها "بني صالح"، نسبة
إليه، وقد وافقت نظارة الداخلية على هذا التغيير بقرار أصدرته في
21 مايو سنة 1897م

وبذلك اختفى اسم "بني مجنون" من بين النواحي).

القاموس الجغرافي للبلاد المصرية
محمد بك رمزي

1

يسقط في النار، نار وقودها المازوت والطوب، لو نظرت إلى أثرها على حوائط الفرن، لأمكنك تخيل مدى قسوتها. كيف زلَّت قدمه وهو القديم في المهنة؟! لا أحد يعرف، ولا أحد سوف يعرف.

أفكار كثيرة تدور بخواطرهم، ولكن لا واحدة منها قابلة للتطبيق، لا شيء يقدمونه الآن سوى الانتظار؛ انتظار هدوء الفرن لإخراج العظام.. لسنوات وهو فوق البغلة/ الطين ـالجزء الوحيد المتماسك الفاصل بين جانبي الفرنـ سنوات وكل شيء يسير بالآلية ذاتها، يتفقد النار من تحته.. براد الشاي يغلي على البربخ، يشير لآخرين ليأتوا ليشربوا؛ سائقي الجرارات والرَّصِّيص والمُوَضِّب وعم جمال.

قبل أن يسقط بدقائق، كان السائقون يلقون إليه بالتحايا؛ الشيخ خالد مشغول بأرقامه، حصانٌ هزيلٌ يحمحم خفيفاً، عيد سنوسي يروي حكاياته، والخيط الرفيع في القَطَّاعة يقطع الطين وربما أيدٍ وأصابعَ، ومساعده الغارق في المازوت، يهبط ويصعد لجلب المزيد من الوقود، أم كريمة متجهمة كما هي دائماً، والمدخنة العالية تبعث ضباب دخانها

الأسود عالياً، تقف بجوارها المدخنة القديمة بعد أن فلقها الزلزال، نخل بقلوب جافة لا يطرح بلحاً، ثعالب وقطط وفئران يطارد بعضها بعضا في أجمة الحلفاء، الشيخ العراقي هناك في صمته الأبدي، وصوت الماكينة العالي يغطي على جميع الأصوات، والحاج حسن السنهوري يجلس في عليائه، يتفقد المشهد من فوق.

اليوم هو الخميس، الجميع مشغول بحساب أجر الأسبوع، وما سيذهب إليه، جَو من الفرح الشفيف يحيط بالقلب. لذا كان من الممكن جدّاً أن يضيع مشهد سقوط ''نور أبو حسين'' سُدىً، وسط هذا الضجيج العظيم الدائر في اتساع المصنع وفي القلوب، حتى لَيُسمع لعدة سكك بعد أن تتركه وراءك وأنت مار من هنا، وما كان لأحد أن يشهد النهاية ولا يشتمّ رائحة احتراقه، وسط انعدام الشم الجزئي عندهم، بسبب الاستنشاق المستمر لعادم المازوت المحترق.

سيعزون بعد ذلك، عندما يروون الحدث الذي سيصير تاريخيّاً بالنسبة لتاريخهم الخاص ـ الذي تنقصه الأحداث ذات التاريخ الحقيقي ـ الحكاية لإرادة الله، وسيعزوها آخرون إلى ''أم حنين'' فهي من رأت أولاً وصرخت أولاً، ولن يتسنى لهم معرفة أنها كانت تنظر لعم نور كل عدة دقائق، مخافة أن يكتشف أنها انجذبت بشكل أدهشها من نفسها لسيد الرَّصِّيص، فهي لا تتمالك روحها من اتباع وجهه الأسمر المتعرق؛ خشونة صوته، شعره الأبيض الممشط للوراء، تدخل أنفَها رائحةُ ذكورة تفوح منه.

تلتفت إليه، اليوم صامت، يخبئ أفكاره جيداً في رأسه، تحت

عمامة كانت بيضاء.. زهرية الآن؛ من فعل الزهرة التي تضعها أمه في ماء الغسيل!

تملأ يدها بالطين وتضربه بالحائط، يتناثر بعضه على وجهها وذراعيها المشمرتين، تبلل يدها بالماء، تلمس الجدار بيدها، فيسيح الطين عليه ويلتصق، يتغير لون الجدار من الأحمر للأسود بشكل مؤقت، تجهيزاً لحرقه بالنار، تختلس النظر لعم نور، تعتقد أنه بنظرة واحدة يمكنه كشف دواخلها ومشاعرها التي تملؤها اليوم.

في نفس اليوم من الأسبوع الفائت، اشتكت له إلحاح سيد الرصيص وتحرشه بها، ولكنها اليوم اغتسلت فجراً قبل المجيء، وضعت قليلاً من دهن الصبار الذي جلبته من جُنينة العمدة على شعرها، منحه ذلك بعض البريق القديم، لفّته في شكل كعكة خلف الرأس، واختارت بعناية ما تحت الجلباب، ذكرها هذا بأيام مضت، عندما كان رجُلُها قادراً على الحياة، تتحضر له كل خميس.

نظرت ليَدَيْ سيد، وهي ترص الطوب تمهيداً لحرقه؛ قاسيتين.. تفكرت في خشونتهما، تخيلت هذه الزوائد الجلدية تخمش جسدها، شملتها قشعريرة تبدأ من القلب وتمتد إلى باقي الجسد.

تلت تلك النظرة نظرة لعم نور، فربما اشتم رائحتها وهو المُلِمُّ بأمور العالم، وطبائع الناس. تشعر كما لو كان يعرف ما بداخلها ويفضحه.

في نظرتها الأخيرة له، تراه معتمداً على يديه فقط، نصفه ينزلق ببطء في النار، المكان الخفي المشتعل، يزحف، يجاهد من أجل الحياة، محاولاً الخروج، سقطت طاقية وبر الإبل عن رأسه، لم يُرَ حاسرَ

الرأس أبداً كما هو الآن، يعض على شفته السفلى بأسنانه من شدة الألم، يحاول التشبث بأنصاف قوالب الطوب، تمتلئ كفاه بالحصى والتراب، تصرخ كما لم يسبق لها أن فعلت، ليس كما صرخت عندما لسعتها أمها ببشكور الفرن، لصنع رغيف مُلتَوٍ، وليس كحالها حين كانت تقذف «حنين» من بطنها. ربما كان صراخاً يشبه صراخها عندما مات أخوها مروان مرتين!

لم يسمع أحد، صرخت ثانية.. مُحاولةً مغالَبَة صوت الرجال حولها، تصرخ فيعلو صوتها على أصوات البغال والحمير، والبنات الضاحكات، والمشرفين الزاعقين، ومواتير الجرارات وهي ترص الطوب الساخن، وتخرج من المصنع إلى مواقع البناء، تصرخ.. وللصراخ الأنثوي وقع الخطر على قلوب الرجال، إنه إعلان للموت أو طلب للغوث، أو إنذار بخطر قادم.

شق صراخها كل هذا الضجيج ووجد طريقه إلى آذانهم، فتوقف الجميع للحظات، أدركوا أن ما سمعوه صراخ أنثوي حقيقي، وليس مجرد صوت قديم جاء في خواطرهم من طبقات الجو العليا، أو من الذاكرة لحدث قديم.

أول من سمع «جمعة أبو هاشم العربجي»، ربما لأنه كان ينظر إليها بالكلية، وذلك لتصلب أصيل بالرقبة يمنعه من التلفت، ناتج عن أمراض الغضاريف، بسبب كثرة الأحمال.. يلتفت لمحدثه بجسده كلّياً، ويردد ـ ولا أحد يسمعه ـ أغنيته المفضلة:

(الشيكولاتة ساحت.. راحت مَطرَح ما راحت).

أول الخطر يأتي من الماكينة، السير الذي يجري بسرعة، يقطع أحياناً أيدياً وأذرعاً، ويخطف شعر البنات، وأكمام الجلابيب الواسعة للرجال، فترك عربته وجرى ناحية موسى الميكانيكي، الذي كان جالساً مُسنداً ظهره إلى كومة تراب، يداه ملوثتان بالشحم، كذلك أجزاء من وجهه وملابسه. يدخن وهو يمسك السيجارة بين إصبعيه البنصر والوسطى، بعدما قطعت الماكينة سبابته ذات يوم، طلب منه إيقاف الماكينة، تكلم جمعة فلم يُسمع، فأشار بيده في غضب، قام فزعاً، مال على أُذنه متحدثاً عن حادث وقع، ففهم وأوقفها، وهو يستفهم أكثر عما حدث، جمعة بجواره يلهث، منتظراً أن تهدأ تماماً، ثم أخبره عن صراخ زهرة، نظر موسى للسير وقادوس الخلط وما وراءهما، لا دماء هنا ولا عظام، الصراخ مستمر، بل وأكثر وضوحاً بعدما توقفت الماكينة، ليس من هنا.. بل من الفرن!

جَرَيَا معاً باتجاه الصوت، آخرون يجرون في الاتجاه ذاته، لم تتكلم، بل أشارت إلى أعلى، المكان الذي يقف فيه عم نور في الغالب.

قضى الوقت الأعظم من حياته ينظر للعالم من هذا المكان، ولكنه لم يكن هناك، أكمل سقوطه بوجه عابس، رأوه ـ أو ربما تخيلوا ـ وذراعاه تختفيان رويداً، حتى انزلق تماماً، هكذا فجأة اختفى من المشهد.

بعضٌ ممن وصلوا في البدايات صعدوا سريعاً لأعلى، كالمساعد الذي يحمل صفائح المازوت قادماً من السلم الخلفي، يمد ساقاً ويجر المصابة خلفه، حاول الكلام ولكن صوته انحبس في حلقه، ظل مكانه

حتى وقع غارقاً في المازوت الذي على كتفه، بعض العاقلين فتحوا أذرعهم أمام الآخرين الذين حاولوا الصعود، لو تكاثروا فوق الفرن لهوى بهم، من تحتهم جحيم مستعر، هو الوحيد الذي يمشي عليه ويعرف موقع قدميه، خانته عيناه للحظة فذهب ولا أمل في نجاته.

سمعوا أن هذا وارد الحدوث، أن حَرِّيقاً يسقط في نار الفرن، ولكنهم لم يروه حقيقة.

إنه يمشي على الحيطان التي يصنعها الرَّصِّيص بحرفية عالية، متينة لتتحمل وزن رجل، ومخلخلة لتتخللها ألسنة اللهب لحرق الطوب، وهناك البرابخ؛ فتحات فوق النار في المنتصف، لتفقد مستوى استواء الطوب، وصب المازوت من البراميل في حالة الاحتياج.

خُيل لموسى ـ ربما للأقراص التي يأخذها ليظل يقظاً ـ أن رائحة احتراق لحم آدمي تنتشر في الأجواء، وأن دخان المدخنة صار أكثف، فقد اشتم الرائحة ذاتها عندما قَتَلَت أختُه الكبرى نفسها، بسكب الجاز على جسدها وإشعال النار فيه. كان صغيراً ولكن عقله يحتفظ بتلك الرائحة، تراجع للخلف وتقيأ، تقيأ كثيراً كما لو أنه يقيءُ ذاكرته ذاتها، عم جمال قادمٌ من بَعيد يغني لنفسه:

ـ (أنعِمْ بِتَطهيرِ الفؤادِ مِنَ الهَوَى جُدْ لِي بتوفيقٍ ومُنَّ بتوبةٍ).

ترك ترمسه للتراب وهو يبكي كطفل، أما زهرة فقد أحست أن لا قدرة لديها لجلب الهواء من الفراغ إلى صدرها فوقعت مغشية عليها، قفز الحاج حسن من مجلسه واقترب من النافذة غير مستوعب ما يحدث.

صدمة ممزوجة بصمت عم الجميع، لم يدم طويلاً، ثم بكت البنات الصغيرات ونزل الحاج حسن من العلياء، وعاد الرجال للكلام فكرروا: لا حول ولا قوة إلا بالله. وناقشوا ما يجب عليهم الآن فعله، انتهوا إلى الصمت، فلا شيء يمكن صنعه سوى انتظار انتهاء الدورة، واحتراق المازوت بأكمله وسكوت النار، وهدوء الفرن من تلقاء ذاته، ورفع الطوب ولملمة العظام لدفنها.

2

اليوم يوم الخميس، ومن كل بيوت بني صالح تفوح رائحة الطبخ، رائحة توشك أن تغطي على رائحة السمك التي تفوح في كل مكان منذ يومين، تزداد مع حرارة الظهر.. فتزيد من صعوبة التنفس، العاملون بالمصنع لا يهتمون، ربما بسبب ضعف حاسة الشم عندهم، أو لأن اليوم هو آخر الأسبوع، وغداً يمكنهم النوم حتى مطلع الشمس. يرتفع صوت سَن السكاكين على أحجار أمام البيوت.. ملقاة مكانها منذ سنين.. عليها آثار عشرات السكاكين ودماء دجاج ذُبح ثم أُكل في خميس ما.

أم حنين.. ربما هي الوحيدة من النساء التي تعد طبيخها على العشاء لا الظهر، لأنها ككل صباح، تقوم تمشي مسرعة في سكة الدرب الأوسط، ينقبض قلبها، وهي تمر بالمقابر، تتركها وراءها وهي تدعو للراحلين، تتجه يساراً، يقابلها الفراغ الكبير، ومتسع من المكان والصخب، تسمعه بوضوح أكثر كلما اقتربت.

أصوات بشر وحيوانات، المحركات التي تعمل بالجاز أو الكهرباء، في خليط واحد دون أن تشعر بالنشاز، تستشعر الخجل الخفيف، كونها تعمل وسط الرجال، وعندما تصل تدخل الحمام؛

15

بأسفل حجرة الحاج، تشم رائحتهم، قطرات بولهم، النيكوتين في أعقاب سجائرهم، روائح تشعرها بالراحة، لا تغير ملابسها كاملة كما يفعلون، بل تلبس جلباباً فوق آخر، لحماية الأساسي من الطين والسواد، تشمر أكمامها، تجد الغَلَق حيث وضعته بالأمس، تذهب إلى معجنة الطين، تملؤه بيديها وتحمله على رأسها حتى الفرن، وتبدأ بطلي حيطان الفرن من الداخل.

الفرن مبنى بيضاوي كبير، دائماً يعمل في جزء منه، طوب يحترق الآن، طوب مستوٍ، في انتظار هدوء سخونته، تصنع هي سدّاً بين النار وبين الحياة، حتى لا يبغي أحدهما على الآخر، فواصل من الطين لعدم تسريب النار والمازوت، تطلي الجدران من الداخل بطبقة من الطين، تحترق تلك الطبقة فتعيد الطلي، هكذا إلى عدد لا نهائي من المرات، كلما نضج جدار الحائط أبدلته بغطاء جديد مُعد لكي يحترق، كأنه صراع بينها وبين النار. يداها حتى الكوع غارقة في الطين، ولطخات على وجهها وأماكن أخرى، يجعل الطين؛ ما كان يوماً بياض يديها؛ أكثر وضوحا ولفتاً للأنظار.

يوماً ما كانت بنتاً، أمام بيتهم شجرة نبق ضخمة، ممتلئة بالعصافير والاعوجاجات، جذعها الضخم على شكل سيدة ممتلئة، جمعت أولادها في حجرها ليناموا، أبوها يحب الشجرة وفي سفره كان يذكرها في رسائله، قال إن أباه مَن زرعها، أتى بها من بلاد النوبة، وقال إنها شجرة مباركة، أكل الواحدة منها، يجعل الفم طاهراً لمدة أربعين يوماً. تفعل ما تفعله البنات، تكنس البيت وما أمامه بمقشة مصنوعة من

سباطة نخلة، ما يزال يعلق فيها بلح جاف، تُرُش الماء الخفيف، فتنتج تلك الرائحة التي تشعرك ببدايات الخلق، وتغرد العصافير التي تسكن الشجرة أكثر.

ثم تجلس لتمشط شعرها المائل للحُمرة.. شعرها طويل يشعرها بالزهو، تحلب أوراق الصبار وتمسحه بإفرازها اللزج، تتحين الفرص كي تتركه بحُريَّتِه كلما حانت لحظة مناسبة، كحنة عروس أو تجمع النساء لصنع البسكويت قبيل العيد. تميل فينسدل وترتد واقفة فيرجع إلى مكانه، ترقص فيتقافز خلفها كذيل فرس، فلا تتمالك البنات أنفسهن ويشدونه في ضحك باطنه الحسد.

أبوها الذي يراها كعروسة المولد، يختلط في قلبه الإعجاب والخوف، يداعبها دائماً بأن يقول:

- من يراك يظن أمك تركية.. الله يرحم أمك كان الشق في كعبها شبر.

تضحك ولكن بقلبها وخزة حزن على أمها، ماتت وهي تتنفس بصوت عال وتبصق السواد، ستعتقد فيما بعد أنه تأثير مصانع الطوب، التي تراها عندما تصعد إلى السطح في كل اتجاه، ترسل مداخنها دخاناً لا ينقطع، يتكاثر أحياناً إلى درجة الاشتعال.

أبوها الذي جاب البلاد كلها، عاد بحكايات لا تنتهي من بلاد الرافدين، يكررها للرجال عصراً وهم يجلسون أمام البيت، هدم البيت العتيق ذا الحوائط العريضة من الطوب اللبن، وبنى بيتاً من الطوب الأحمر والخرسانة، جلب معه تلفزيون باناسونيك، وكاسيت ناشيونال 543. يرفعه في الأفراح عالياً، ليسجل على

شرائطه أصوات المفضلين لديه من المُغَنّين، كثيراً ما يأتي أصدقاؤه ليشاهدوا عنده مسلسل المساء، أو يستمعوا إلى الحكايات الشعبية في الكاسيت، وقد وحَّدهم تقدم السن ودخان السجائر والسعال. من محبيه الدائمين عم جمال، وقد اكتفى من اللف في طول البلاد وعرضها، وجلس ليستريح:

- لا مؤاخذة يا رجال.

يقولها ويمد قدميه كي يخفف وطأة الألم، يغني بعدما يطفئون الكاسيت ليسمعوه، يلاعب زهرة ويدخل اسمها في تراكيب جُمل أغانيه.

أبوها رفض كثيرين ممن تقدموا للزواج منها، بانتظار أحد يشعر معه بالراحة، وعندما تقدم لها شاب معتنٍ بنفسه جيداً عكس الكثيرين الذين تسبقهم رائحة عرقهم، وافق، وافقت هي أيضاً بعدما اختلست له نظرات من باب حجرة الخزين وهو جالس في الدهليز.

أيام الخطوبة وافق الأب في تسامح نادر الحدوث على ذهابها معه إلى المولد، في فيدمِين، شاهدت في ذهول مرماح الخيل والتحدي بين أبناء العائلات الكبيرة في ركوب الخيل تأسياً بـ«أبو الحارث» صاحب المقام، الذي يجوب البلاد راكباً حصانه ليحميها من الجن واللصوص. عادت وفي إحدى يديها علبة حلوى وفي الثانية عروسة بفستان أبيض.. تميلها فتحرك عينيها في الاتجاه المضاد.

بنى لها حجرتين على حافة القرية، في أرضٍ بالأساس لأبيه؛ وهذا إرثه منها، وباقي البيت يكتمل عندما يريد الله ذلك، أمامه بحر يصلح لغسل المواعين وإلقاء القمامة!

في أسبوع فرحها، أخذها وذهب إلى مدينة الفيوم، مشت يصيبها النور بالعمى، الليل في بني صالح له خصوصية وليس بهذا الافتضاح، الإضاءة هنا أكثر مما يجب، تبدو الفيوم كصالون حلاقة للرجال.. أنوار كثيرة وصور ضخمة.

أَكَلَا معاً دجاجاً مشويّاً على الفحم، وسقاها عصير قصب من محل آمون بشارع الرَّملة، وهي تأخذ نفسها بين رشفة وأخرى، أشار لها على برواز به صورة لرجل يلعب الشطرنج، ويسند وجهه إلى يديه، وقال لها:

ـ دا جمال عبد الناصر.

بدا لها حينها رجلاً يفكر عميقاً قبل الفعل. تتذكر الصورة كلما ذكر أحد اسم ناصر

ولا تتخيله بهيئة أخرى.

لم تتخيل أعباء الزواج في أيامها الأولى، وهي تجرب قمصان نومها وكحلها وأحمر الشفاه بلا حرج، كما كانت تفعل سرّاً في بيت أبيها، إنها أيام ستنقضي ثم تعود الحياة أشد قسوة، ولكن أحداً من الكبار لم يحاول إخبارها، تشعر نحو الجميع بشعور خفي ـ لا يكاد يستبين لها نفسها ـ بالخيانة لأنهم تركوها تخوض التجربة!

خدعة مارسها المحيطون وهم يطبلون ويرقصون لها، يصنعون الحنة ويقبلونها بصوت مسموع مرات عديدة، فهاهو الوسيم يتركها ويذهب للعمل في المدن الجديدة، يعود يوم الخميس وآثار الأسمنت ومواد البناء الأخرى لا تنمحي من جسده، يأكل ثم يستعجلها في الذهاب إلى سريرهما، يداه تكاد تخمش جسدها من أثر تشققاتهما.

حملت فصارت تفتقده أكثر، تمنت لو عاشت أمها إلى الآن، وعندما جاءها المعاد صرخت كثيراً حتى حضر الجيران وأقرباء الزوج.

- هي عروسة عسل كأمها. هكذا قالت المولِّدة بلا حماس وهي تستقبل كتلة وردية غارقة في مائها على يديها.

ولأنها كانت سيدة الانتظار منذ الصغر، انتظار أبيها وهو عائد كل عدة سنوات من العراق؛ انتظار زوجها ليعود كل خميس، وانتظار أن يكبر أخوها مروان، فربما يصير لها سنداً في الحياة، فقد سمت البنت «حَنين». حنين إلى أيام اللقاء والراحة، حنين لشيء ما؛ جميل سيجيء، ولا يجيء!

أبوها الذي نشط الفيروس في كبده كما يحدث للجميع هنا في فترة ما من حياتهم، صار منزوياً ممصوصاً كعود حطب جاف، ما بين المستشفى العام والبيت، قضى أياماً يجلس فيها ببطن منداح أمامه؛ ممتلئ كبطون الحوامل، لا يقدر على الاستلقاء على الحصير مستوياً، يتعارك مع الأولاد، ومعها، ومع الباعة المارين أمام البيوت ينادون على بضائعهم بصوت عال، وفي صباح ما، ذهبت توقظه ليفطر فلم يرد، فعلمت أنه مات فصرخت حتى جاء الناس.

أما الزوج فقد جاء سبت ولم يذهب إلى موقف مصر مع الذاهبين، هي تحب قربه منها، ولكن تفكر في مصاريف البيت بعدما انقطع معاش أبيها، أخبرها بأن أحداً ردد على مسامعه أن أسفل بيته صناديق ملؤها ذهب، عاتبته.. عاركته.. صالحته.. شاركته فيما تحتاجه البيوت كي تسير، لكنه ظل مأخوذاً لفكرة الحفر أسفل البيت، صار مسكوناً

بقصص الأقدمين وتاريخهم المتداول بين الناس، يتكلم عن كنوز قارون في البحيرة، عن الجن الحارس للقبور القديمة، عن أناس وصلوا وارتقوا من القاع حتى السماء، وعما سيفعله من أجلها ومن أجل حنين عندما يصل.

جاء رجال عديدون، ميزت من بينهم واحداً من العائلة الكبيرة، يبجلون بشكل خاص رجلاً ينادونه بالشيخ، أشعل الشيخ بخوراً كثيفاً، قرأ من كتابه بصوت عالٍ، غاب في عوالم ما ورائية ثم عاد، وقال إن الحفر يبدأ من هنا، وأشار إلى منتصف الدهليز، مضت أيام وهي تجلس في حجرة النوم، تستند بظهرها إلى السرير مع ابنتها لا تكاد تتحرك.. رجال يعملون إلى درجة الإعياء، رديم يخرج؛ به قطع من كسر الفخار وعظام لا يعرفون إن كانت لبشر أو حيوانات، ثم لا شيء آخر.

يأتي للسرير لينام نهاراً، لا يقبل مجرد النقاش عن اللاجدوى، بل يحدثها عن الاقتراب، وإن هي إلا أيام، حتى بدا كما لو أنه كبر عدة سنوات دفعة واحدة، شعره يتحول في بطء للأبيض، يتكلم وهو نائم، يبتسم، يقوم فزعاً، وعند المغرب يعاود الحفر مع رفاقه. يأتي الرجل الكبير، يترك لها مالاً لصنع الأكل والشاي، ويرحل وهو يمسك طرف جلبابه مخافة أن يلوثه التراب الخارج مبللاً من باطن نفق طويل؛ يبدو أنه لا نهاية له.

في فجر مملوء بالحزن وهي بين النوم واليقظة، سمعت صوت انهيار، نداءات الرجال، صوت أقدامهم، خرجت بعد أن غطت رأسها بالإيشارب، رأت عفرة تراب تخرج من الحفرة، وعوارض

خشبية وقع بعضها على بعض وتقاطعت، وزوجها؛ نصفه بالحفرة ونصفه خارجها، ولم يلحق الخروج الكامل.

الرجال أمام البيت يسعلون ويبصقون التراب، يدعكون أعينهم محاولين الرؤية، كانت بدايات نهار حزين تلوح في الأفق، الأفق أحمر كالدم، أحصى الرجال أنفسهم ووجدوا أنهم لم يفقدوا إلا اثنين؛ أبا حنين ورجلاً آخر، عادوا وسحبوه للخارج، وعندما أفاق كان قد فقد التحكم في نصفه السفلي، حيث كسر العارض الخشبي فقرة بالظهر، فتوقف إرسال الإشارات من عقله إلى ساقيه، يبكي وتبكي، تكتم صوتها وهي تضع رأسه على حجرها.

رقد أحدهم على بطنه ووضع أذنه على الأرض، ربما سمع نداء من أسفل، وهو لم يسمع سوى صوت انسحاق التراب أسفل خده الأيمن، فقام ومسح وجهه ونفض يديه.

نظر لها الرجال وكرروا ـ وهم يطأطئون رؤوسهم في وجوم ـ كلاماً كالعزاء ثم خرجوا، لا ثمن لمن يموت ولا حتى محاولة لإنقاذه، كان يمكن لأي أحدٍ فيهم أن يكون مكانه، ولكنه قانونهم غير المكتوب، في عملهم الدائم وهم يحفرون، يتنقلون من قرية إلى أخرى على أمل الوصول.

أرسلوا في طلب الرجل الكبير، جاء مسرعاً وهو يشتعل غضباً، خرجوا إليه وأخبروه أن النفق انهار على الرجال، وخرج مَن خرج، ومَن بالداخل غالباً مات الآن، نظر لهم بغضب ثم حثهم على السرية ومشى.

دخل الرجال إلى البيت في مرتهم الأخيرة، سحبوا الخشب الظاهر، وسووا لها أرضية الدهليز لترجع كما كانت.

انتهت معونة الرجل، عليها أن تربي حنين، التي تشعر الآن أنها تعيش فقط من أجلها، فجربت التجارة في الفاكهة، وأن تشوي السمك وتبيعه لعمال المصنع، وأن تخدم في بيوت المدينة، وأن تجمع القطن في موسم حصاده، وزوجها بالبيت لا يكاد يرفع يده ليطرد من فوقه الذباب، لا تعرف كيف مرت على كل هذا ولم تنزلق قدمها نحو الخطأ.

اختارت ـ بشكل نهائي ـ العمل بالمصنع، والذي ترجع منه ظهراً، لأنها لم تستطع أن تفعل كما تفعل النساء الذاهبات للسوق؛ مِن ربط أرجل الأطفال إلى الأسِرَّة في خيط طويل، فهي عندما ذهبت ذات فجر للسوق وعادت عصراً، لتجد حَنين تبكي، يحيط بها عدد كبير من الأطفال في بيت يلي بيتها، لملمت أطراف الحكاية وهي تحتضن البنت التي نامت، أخبروها أنها حَبَت حتى الحافة، أنقذها من البحر أهل الخير، بعد صراخ بنت تنشر غسيلها على السطح. كان الموقف قد انتهى، ولكن ذعراً بأثر رجعي أصاب قلبها.

ذهبت إلى الموضب بعد المغرب، يكون قد ارتاح وتعشى مع أولاده، وقفت بالخارج ونادت:

ـ أبو صدام.. يا أبو صدام.

خرج الرجل، يضع يديه في فتحات جلبابه البلدي على الجانبين ويهزهم بعنف ليذهب الثنيات التي أصابت الجلباب من أثر الجلوس.

ـ تفضلي يا أم حنين.

بخجل طلبت لها مكاناً بالمصنع، فهو المسؤول عن تجميع

العمال ومراقبة حركة العمل؛ هو الوحيد الذي لا تلمس يداه قوالب الطوب، ولكن بدونه سيذهبون في الصباح وقد غاب من غاب ولم يحل محله أحد؛ فهو الذي يجهز الرجال ويوزع على الجدد أدوارهم، يبلغه ليلاً مَن قرر عدم الذهاب، يُحلُّ البديل محلَّه، عقله مدرب منذ سنوات على سد الثغرات، يعرف يقيناً أن «حسن السنهوري» لن يرحمه إن تعطل العمل يوماً، شعر وهو مستندٌ إلى فراغ الشباك أن هذه امرأة يجب أن تجلس بالبيت ويأتيها رجلها بمتطلبات الحياة، ويلقيها تحت قدميها، ولكنه فكر في الوقت ذاته؛ أنها ستكون مظلة تقيهم حر الشمس، هو شخصيّاً يرى وجهها صالحاً لإذهاب الملل:

- مِن بكرة يا ست الستات، من بكرة تنزلي معنا المصنع، ربنا يشفي حبايبك.

شكرته ومشت تداري خجلها بطرف الطرحة، وفي الصباح أعطاها مهمة أن تطلي الحيطان بالطين، ولتأكلها النار بدلاً من الحائط ذاته، حتى لا ينهار الفرن من القواعد.

بعد أن تنتهي من عملها تصعد لعم نور، ينظر لها عماد وهو يستشعر بهجة في القلب، لكنه لا يتكلم معها بعدما زجره مُعَلِّمه عندما قال له مرة:

- زوِّجني أم حنين يا عم نور.

تمالك الرجل نفسه من الغضب وقال له:

- متزوجة يا ابني وزوجها مريض بالبيت!

يسألها عن حال زوجها، ترد وهي تتأمل المشهد من هنا:

ـ الحمد لله.

تنظر لما بعد المصنع، بيوت عزبة الحلفا الحزينة، والكثير من الشوك ونبات البوص والبردي والحلفاء المتوحشة، ثم خيط أخضر من غيطان الذرة والبرسيم ينتهي بسكة الغجر، التي تتسع لمرور الجرارات الزراعية والجاموس والناس، ثم مقام الشيخ العراقي، ونخيل كثير متفرق، يظهر كأنه نهاية العالم؛ ومكان التقاء السماء بالأرض.

يأمرها بأن تجلس على رَصَّة من الطوب غير الصالح للبيع، لاحتراق خفيف أو التواء، هو يفعل كل شيء وكأنما لا يفعل، يناول الأسطى عيد كوب الشاي، يأمر مساعده بعمل شيء ما، وينظر لسيد يتابعه وهو يرص القوالب الخضراء تحضيراً لدورة جديدة، لو أن هذا هو الخميس فسيأتي عم جمال حتماً، سيكرر كلامه؛ بأنه كان صديق أبيها، وكان يلاعبها صغيرة وهم جالسون تحت شجرة النبق، وسيغني مواويله وهو ينظر إلى وجهها.

الحائط القديم والذي سقطت بعض أجزائه، يلف المكان، على الجزء الخارجي منه يكتب الأولاد الذاهبون إلى مدارسهم والعائدون منها أسماءهم بالطباشير، التي سرقوها من الفصول كذكرى.

أسماء كثيرة مكتوبة تسجل لحظات رائقة من حياتهم، يمحوها الزمن وقليلاً ما تبقى، يتذكرونها كلما مروا من هنا، فيبتسمون في دواخلهم. يخبرها وهم ينزلون مع أذان الظهر للذهاب للبيوت:

ـ قديماً كانت المصانع تأخذ مادتها الأساسية لصنع الطوب من

تراب الأرض المحيطة، يأتي الرجال ويحفرون أياماً وأسابيع، فيصير في المكان جرفٌ عالٍ، تخرج الأحجار والفخار وعظام حيوانية وبشرية وهم مستمرون بالحفر، تأتي الحمير من ورائهم وتحمل التراب للمصنع، أحياناً ينهار عليهم الجرف ويموت بعضهم.

تصير الأرض بعدها مرتفعات ومنخفضات حادة، لا يتركونها إلا بعدما تخرج المياه عليهم، تمر سنوات بعدها؛ لا تصلح للزراعة، حتى أمرت الدولة بجلب الطَّفلة من الصحراء والكف عن تجريف التربة الزراعية، وتوقف التجريف، ولكن صارت أرض المصانع وما حولها أكثر الأماكن انخفاضاً في القرية لدرجة تشعر معها وأنت آت إليها بأن السكك تهبط بك لأسفل، ربما لهذا السبب يقول الرجل الذاهب للمصنع:

ـ أنا نازل المصنع.

يبتسم ثم يكمل وهو يحل ربكة حماره:

ـ اختار البحر أن يجرى في الأسفل والنخل يصعد أعلى الجروف، أما الشوك الذي لا يحب الماء، فقد انتشر فيما حول المصنع. يركب حماره ويمشي. يجعلها ترى العالم مرة أخرى، كأنما ولدت الآن، تقف على الجرف لتشاهد المنظر المعقد ككل. تدقق النظر أكثر وتتخيل نفسها تعمل وهم يعملون.

منشر الطوب الذي ينتظر دوره.. ثم الفرن وعم نور فوقه، والموضب تحته، وهي في المنتصف، فالعربجية يملؤون الفراغات، فالمواتير تضج بصوت عال، فالعاملون عليها من بداية الخلاطة إلى الواقفين على التقطيع، فالفراغ الذي تجمع فيه الطَّفلة، فمنخفض

الحلفاء المتوحشة، فسكة الغجر، فمقام الشيخ العراقي، فالنخل المتناثر يملأ المشهد من بعيد، وطيور فوقه تطير وتراها لا تطير.

أم كريمة على حافة المكان، وجهها ما هو إلا جلد مشدود على عظام بارزة، يمنح محدثها إحساساً بالغضب المعتق داخلها، وخوفاً من الخوض معها في اختلاف الحساب إلى النهاية.

أصواتهم عالية، ربما في محاولة للتواصل مع وجود كل هذا الكم من الضوضاء، الجميع في النهاية يصابون بالصمم الجزئي وإدمان التحدث بصوت مرتفع، حتى في منازلهم وجلساتهم الخاصة، لاعتقادهم أن لا أحد يسمع الهمس، مثلهم.

أما عن نظرات سائقي الجرارات ولمسات أيدي الرَّصِّيص الخشنة، فإنها من لوازم الحياة والعمل وسط الرجال، وتقابلها بعدم اكتراث، ربما تجلس على الطوب غير القابل للاستعمال وتشتكي لعم نور.. ومرات كثيرة لا تشتكي، فلكل إنسان همومه وما يزيد.

تحب الرجل، تشعر نحوه بالأبوة، تفضفض له بما في القلب من وجع، من القلة الذين ينادونه بـ«أبو مريم».

دق قلبها بعنف عندما رأت الرجل يحترق ويتحول لذرات دخان، تخرج من المدخنة العالية، شعرت به يسقط عند قدميها، أحست ـ بشكل لم يتبين لها بشكل واعٍ ـ أنها السبب فيما حدث، وبأنها صارت يتيمة كما لم تستشعر ذلك من قبل، وبأن الأرض تميل بها جهة اليمين، وأن نور العالم انطفأ، والمدخنة العالية تقع فوقها، المدخنة التي تُرَى

من بعيد جدّاً وقد كُتِب بالطوب البارز في جهة منها: (الله أكبر)،
وفي الجهة الثانية: (مصنع حسن السنهوري).

3

صعد مَن صعد إلى أعلى الفرن، في حركة تلقائية لا تُجدي نفعاً، مع رجل ابتلعه فعلاً باطن الجحيم، عماد مساعده آتٍ من الجانب الآخر يحمل وعاءين من الوقود، يجر قدمه المصابة وقد شاهد النصف الأخير من الحدث، تخرسه الصدمة، وهو الذي يجد صعوبة في تشكيل الكلمات أصلاً؛ قوي البنيان، يعمل بكل قواه ولكن طريقة كلامه تجعله هدفاً لمحبي الضحك، كثيرون هم، يثيرونه ليتكلم.. فيشتمهم وهو منفعل فيضحكون، عم نور هو الوحيد الذي يعامله كإنسان كامل، ربما لذلك قابل ما اعتبره الجميع قمة جنونه بهدوء، وذلك عندما قرر فجأة أنه قضى وقتاً طويلاً كمساعد، وعليه الآن أن يصير حَرّيقاً، يتكلم بشكل عصبي وينثر الكثير من ماء فمه، سكت عم نور! ربما هو نوع من الجنون المؤقت، لكنه أعاد طلبه في الأيام التالية، وبَّخه الحاج حسن وقال:

- زمن العبيط يعمل معلم. وضحك الجميع إلا عم نور.

جاء حيث يجلس عم نور، جلس مادّاً قدميه يريحهما، وأخذ في

امتنان كوب الشاي ثم قال:

ـ أنا مش عبيط يا معلم نور.

عم نور لم ينتظر المزيد، قال له:

ـ بكرة تحضر تستلم الفرن وتشتغل.

حاول الشكر ولكن فمه لم يسعفه، فسكت وعضلات وجهه تطرب، ثم قام وألقى نفسه في النهر المحاذي للمصنع، تعكر الماء من سواد المازوت العالق به، فهربت الأسماك بعيداً، فرد من أفراد طائر البلشون الأبيض وقف يتأمله، أخذ وقتاً طويلاً في الاستحمام، علّق جمعة وهو آت يجر حمار عربته المحملة بالطوب الأخضر إلى داخل الفرن:

ـ من قال لك يا عماد إن بكرة العيد، أم ستتزوج؟

فتح عماد عينيه وهو يرمش من أثر الصابون فيهما وقال:

ـ لا.. سأتزوج أمك. فضحك من سمع حتى جمعة نفسه.

في الصباح التالي يأتي من بيتهم في شارع منشية فاروق، يمشي مسرعاً لأقدامه وقع في دك الأرض ـ نتيجة لإصابته وثقل وزنه ـ يميزه من يجلسون مبكرين بالشارع الكبير، كالسيدة التي تصنع الطعمية وتبيع الفول من قدر مائل، والشاب الذي يقف بفرن العيش، والبنت التي تبيع الفجل، آخرون يفتحون دكاكينهم، يضبطون مؤشرات الراديو على إذاعة القرآن الكريم، ويكنسون أثر الأمس من أمام الأبواب، ربما يشتري إفطاره من أيٍّ منهم، ولكنه في الغالب يفطر عند أم كريمة. يتخذ يمينه متجاوزاً المقابر ثم يدخل المصنع.

يغير ملابسه إلى ملابس العمل، يلفها ويضعها بكيس بلاستيك يعلقه على مسمار في حجرة عم نور حفاظاً عليها من المازوت الذي لا يزول، يبتلع ربع قرص من الأقراص المخدرة ليمنحه ذلك قدرة على مواصلة الحياة واستنشاق العوادم.

يعيش وحيداً مع أمه بعد أن مات أبوه في حرب ما؛ لا يعرفها، فقط سمع بها لأن أمه تذهب كل أول شهر إلى مكتب البريد لتتقاضى معاشها، كذلك تتقبل حسنات المحسنين أيام الأعياد.

يبدأ في جلب الوقود، يظل في صعود وهبوط. يرى عم نور قادماً من بعيد يركب حماره الأبيض، يشعر بسعادة في القلب، يربط حماره ويصعد، يلقي إليه بالتحية ثم يدخل حجرته، يجد الراديو الناشيونال الباناسونيك الأحمر الصغير مدلى من خيطه على الحائط، يفتحه وهو يغير ملابسه، يعلقها على الحائط وراء الباب، يخلع بُلغته ويلبس قبقاباً لتقليل تأثير حرارة السطح على قدميه، يأمر عماد بالجلوس بإشارة يد، بعد أن يرى البراميل وصلت وامتلأت إلى الحد الآمن، فلو زاد لانسكب المازوت على جانبيها واشتعلت هي نفسها. يصنع الشاي ويعطيه كوبه، بالسكر الزائد كما يحبه، يقول:

ـ لا مؤاخذة يا حاج. يومئ الحاج برأسه، فيمدد هو قدميه ليريحهما.

يشفق عليه، خصوصاً حينما يغرقه المازوت، يكون وجهه أسود ما عدا عينيه، يرمش بهما سريعاً. يشعر أنه بحاجة لربع قرص آخر مع كوب الشاي، لكنه يخشى الحاج، فهو سيذكره حتماً بالدوخة التي

أصابته مرة فترنح وسقط من أعلى السلم. لا يشرب السجائر مخافة أمه التي تتشمم فمه عندما يصل للبيت ظهراً.

هذا الصباح جاء جيد المزاج، يغير ملابس البيت إلى ملابس العمل في حجرة نور التي تقف وحيدة بأعلى الفرن. سَمح له بذلك لما يحدث له حينما يغير ملابسه في الحمام، فهم يفتحون الباب عليه عارياً، يجذبون ملابسه الداخلية وهو يسبهم ويتخبط بعشوائية داخل الحيز الصغير. يخرج من الحجرة ليجد الدلاء تنتظره في ركن قصي من البغلة، يَسب من جَعلها بَعيداً، يزيد السّباب لو وجد أحداً تبول فيها كما يفعلون أحياناً، ليضحكوا من رد فعله صباحاً وهو يكيل الشتائم للفاعل المجهول.

ينزل على السلم المهترئ لدرجة تفكر معها؛ كيف يمكنّه هذا السلم من الصعود والنزول بكل هذا الجسد الضخم، والقدم المصابة دون وقوع، وهو يحمل على كتفيه دلاء الوقود التي كانت في الأصل عبوتين للسمن النباتي؛ مرسوم عليهما ملكة جميلة قديمة، لم يلحظ هو جمالها ولم ينتبه له، وقد ربطهما بطرفي عصا قديمة ذات نتوءات تركت أثراً على أكتافه.

ينزل، يقف على جانب البئر ويلقي الدلو المربوط إلى الحافة بحبل، ينتظر هبوطه البطيء في السائل اللزج، والامتلاء، ثم يرفعه ويصبه في الدلاء ثم يحملها على كتفه ويصعد وهو يترك وراءه خيوطاً رفيعة سوداء.

كلما انخفض مستوى السائل.. طلب الحاج المزيد، فتأتي سيارة

المازوت الضخمة. يشعر بالارتياح، وأن العمل لن يتوقف ولو لساعات، إنه روح المصنع، السائل الذي يروي ظمأ الفرن اللامنتهي.

تأتي.. يأخذ السائق وقتاً في ضبط مؤخرة السيارة الضخمة على فتحة البئر، يبدأ في تفريغ حمولته، رغم أن البئر مبني بالطوب والأسمنت إلا أن السائل يسري في تشققات الأرض.

كل شيء حوله ملطخ بالسواد، لا زرع ينبت ولا طائر يقترب. فسدت التربة ولم تعد تصلح لشيء، وعلى بعد منه تخرج نباتات صفراء وذابلة، وعندما تسخن شمس الصيف يصير قليل اللزوجة لدرجة أنه يسير في شقوق الأرض حتى يجده السائرون في سكة الغجر ملتصقاً بأرجلهم، تطأ الأرض بقدمك في عزبة الحلفا القريبة من المصنع، فترى الشقوق العميقة تُخرج دخاناً أسود! وعندما ينتهي السائق من مهمته ينسحب وهو يشير للحاج في الأعلى.

عندما يصعد عماد فوق الفرن، ينزل حمولته على الأرض ويفرغها واحداً بعد آخر في البراميل ذات الصنابير، بانتظار أن يأتي المعلم ويباشر عمله في حرق الطوب الأخضر، هو مَن يعرف مقدار الوقود المطلوب، ومتى يشعله ومتى ينضج الطوب ومتى يطفئ الفرن، ومتى يبرد، ويصير جاهزاً.

يكون الطوب ما يزال ساخناً عندما يكسرون سدة الطين التي صنعتها أم حنين، يلف الرجال قطعاً من القماش القديم على أيديهم، كي يستطيعوا لمسه، يأخذون منه ويضعون على ظهر الحمير أو يناولون تَبَّاع الجرار، ومع ذلك تموت النهايات العصبية في راحات أكفهم، لدرجة أنهم عندما

يدخنون الجوزة ليلاً وهم جالسون على المصطبة أمام بيت أحدهم، يلعبون الدومينو أو يتبادلون الحكايات والأخبار؛ يمسكون جمر النار بأيديهم عندما يسقط على الحصير ولا يشعرون بألم!

أما الأسود الذي قست عليه النار، فتحول إلى خرافيش لا تصلح للبناء، لكن يتم جمعها في كومة لا ترتفع كثيراً، لأن البنات تأتي لتأخذها لتدعك بها أقدامها أثناء الاستحمام لتنعيمها.

ينتقل العمل إلى الجانب الآخر من الفرن، حيث يأتي العربجية بالطوب المنشور بالشمس والمغطى بقش الأرز، ويدخلونه للفرن ليرصه سيد بذات الطريقة تمهيداً لحرقه.

جاء عم نور، وجلس أمام حجرته يشرب الشاي، ويشاهده في صمت، ولأنه لا مساعد له فقد ملأ البراميل لنفسه، رأى الحاج حسن ما يحدث من نافذة حجرته في أول المصنع، اكتسى وجهه بغضبه وتكلم وهو يشيح بيده، أشار له عم نور وقد جمع أصابعه الخمسة معاً وخفضها ثلاثاً بمعنى الهدوء، جلس وهو يَسب نور الذي يلغيه ويتصرف كما لو كان صاحب المكان، فتح عماد الصنابير وأشعل النار وبدأ في مراقبة ما يحدث بالأسفل في سعادة حقيقية، وقد تمثل دور المعلم في زهو، وعم نور في مكانه يشرب الشاي مع السجائر.

فجأة ـ وبينما يسير ـ سقطت قدمه في واحدة من الفتحات التي تطل على النار، صرخ.. انتفض عم نور وهب واقفاً، فانسكب كوب الشاي ومشى السائل قليلاً ما بين الحصى والرمال، جرى نحوه يظن أنها نهايته، فقد رأى هذا المشهد قديماً وهو صبي، ورآه كثيراً يحدث

في مخيلته، يسحبه من أحد ذراعيه، ثقيل كبرميل وقود، ولكن بقوة الذراع الأخرى التي اعتادت العمل والأحمال ساعد في إخراج نفسه من النار، يستند إلى يده ويميل للأمام، أنفاسه العالية مسموعة رغم الضجيج، يحارب من أجل الحياة؛ خرج وقلب نفسه ليصير على ظهره، ثم لم يحتمل عقله كل هذا الألم، فأدخله في غيبوبة، ساقه بلا ملابس وبلا جلد أيضاً، جره عم نور حتى سطح البغلة وجلس يتنفس ويسعل بصوت عال، نظر للسماء في إثر طائر، وهو يعود ببصره للأرض؛ لاحظ أن الحاج يقف في نافذته يكاد يقفز منها غضباً، يقول كلاماً كثيراً لا يسمعه هو بالطبع، رجع ببصره لمساعده، كان مغشيّاً عليه وساقه اليمنى تبعث دخاناً، ولحم أحمر ودهون بيضاء تئز من أثر الاحتراق.

أرسل الحاج من يساعد في الحمل الثقيل وإنزاله، حاول توجيه اللوم إلى نور ولكن عندما حاول وجد نفسه يكرر: لا حول ولا قوة إلا بالله. ثم سكت.

توقف سير العمل لهذا اليوم، يلتف الجميع حول جسد عماد المحمول على باب قديم ممسوك جيداً بأيدي الرجال، وضعوه أرضاً هناك في أول المصنع ونفضوا أيديهم مما علق بها من رمل، لكن ما التصق بها من مازوت كان عصيّاً على الإزالة، أتت السيارة التي نقلته إلى المستشفى العام، ثم عادت به إلى البيت.

استقبلتهم أمه بالبكاء، الرجال يهدئونها ويكررون أن لا شيء يستحق الخوف، وحينما انصرفوا عائدين إلى بيوتهم تساءل بعضهم:

- ماذا كانت ستفعل لو كان رجلاً كالرجال؟

ظل أياماً كثيرة بالبيت، في الأيام التالية كانت الحادثة تشغل الجميع، الموضوع الرئيسي في تزجية وقت العمل، قال بعضهم إنها نجاة تقترب من حد المعجزة، ربما منحه تعلقه بالشيخ القوة لفعلها، وإن وجدوا أن هذا يتعارض مع ما يُقال عن استغلال النساء لقوته الجنسية المفرطة، فبرر مدعي بركته أنه عبيط لا تكليف عليه، ويعود أهل الحجة فيقولون: لماذا لا يكون عبيطاً وقت تسلم المرتب يوم الخميس؟، قال عيد عنه إنه ممسوس، لأنه شرب يوماً من البحر والبحر نائم.

زاره عم (نور) بالبيت، قابلته أمه بغضب وقالت:

- ياحاج تسيبه للموت؟

فقبل رأسها وقال:

- حقك عليَّ.

فسكتت، أما عماد نفسه فقد قابل الرجل فرحاً وحاول القيام ولكن عم نور أقسم عليه بعدم القيام، فهدأ في مكانه.

زاره الحاج حسن ومنح أمه التي كانت تبكي؛ مالاً، وأمر الشيخ خالد المرافق له دوماً باستمرار أسبوعيته، تجمع آخرون في مجموعات وزاروه، حاول سيد استفزازه للضحك فقال له:

- قل لأمك تدخلك مدرسة المَعَلِّمِين عشان ترجع المصنع حَرِّيق كبير.

ضحك الجمع لكن عماد والذي عاد إلى قدرته على الكلام، لم يسكت وقال:

ـ تذكر يا أسطى سيد الولاعة عندما انفجرت في..؟

وأشار إلى مؤخرته، مذكراً إياه بحادثة قديمة، عندما دخل الفرن وقد نسي في جيبه الخلفي قداحة سجائره، بعدها بدقائق لم يتحمل الغاز الحرارة، فانفجرت محدثة جُرحاً بإليته اليمنى، ظل يُعالج منه أياماً، يضحك الجميع حتى أمه نفسها والتي كانت تجلس أمام باجور الجاز تصنع الشاي للرجال.

لا بد لعيد من الكلام، فقال إن سبب تسمية هذا الشارع بمنشية فاروق أن الملك فاروق وهو في طريقه لرحلة صيد البط في البحيرة، نظر من نافذة سيارته، أعجبته الأشجار والبيوت، فأمر بإيقاف الموكب الملكي، ونزل ليتمشى قليلاً هنا ثم أكمل المسير.

أمه ما إن رأت قدرته على الحركة بمساعدة عصا، حتى أخذته إلى بحر (تندود) وطلبت منه النزول فيه، وغمر نفسه في الماء ثلاثاً، وفعل كما أمرت، فقد حكت له في الطريق أنه البحر ذاته، الذي نزل فيه النبي أيوب عليه السلام ليشفى من مرضه الطويل. كما ذهب إلى الشيخ العراقي وجلس على عتبته لأن تلك الرسومات العجائبية بالداخل تربكه.

أكمل أيام الشفاء جالساً على المصطبة، يلاعب الأطفال السيجة، ويصنع لهم من سعف النخيل براييح تدور بفعل الريح، أو أشكالاً حيوانية وبشرية من الطين، الذي يأتون به مما أخرجه الحفار من باطن البحر.

عاد إلى المصنع بقدم أقصر قليلاً من أُختها، سيمنحه للأبد مشية تميزه، ميلاً خفيفاً لليمين زاد من حدة السخرية منه، عاد إلى عمله كما هو.. مساعداً لعم نور مستظلّاً بحمايته ومدافعاً عن نفسه ما استطاع.

اليوم وهو يراه يسقط شعر بقلبه يهوي، شعر بألم حرق ساقه القديم يسري في كامل جسده، لدرجة أنه ظل واقفاً مكانه؛ وقد نسي العبوتين المملوءتين بالوقود فوق كتفه إلى أن وقع مغشيّاً عليه، ربما من أثر الشمس أو حزناً على الرجل.

عندما استيقظ؛ تكاتف عديدون لمنعه من إلقاء نفسه في ذات المكان، أحس أنه يتيم، وهو إحساس، لم يداخله من قبل، فبكى كثيراً حتى صار صوته كالعواء، ثم انقطع تماماً.

4

«حسن السنهوري» وُلد وحيداً لأب يحترف تصليح بواجير الجاز، حيث السواد يحيطك من كل اتجاه، تلتصق بجلده رائحة كيروسين لا تزول، بعدما طلق أمه ضربه كثيراً لأي أسباب، أو حتى لمجرد رؤيته، حينها يكون الأب شبه غائب عن وعيه نتيجة احتساء الكثير من السبيرتو أو البوظة، في الصباح يقوم من نومه يشتكي من الصداع، يسُب كل الأشياء حوله، يشرب عدة أكواب من الشاي الثقيل حتى يستطيع رؤية روث البهائم كي يتجنبه، فيأخذ أدوات الشغل ويخرج للسير في القرى وهو يصيح:

ـ أصلح بواجير الجاز.

يستوقفه النسوة، فيختار مكاناً به ظل، غالباً تحت شجرة التوت، يسلمونه بواجيرهن وهن يَسْدُدنَ أنوفهن بأطراف الطرح من ذلك الخليط الناضح منه، عرق وكحول وجاز، يجمع الجنيهات تلك، وليلاً يذهب إلى غُرزة على حافة بحر فيدمين، ثم يرجع إلى بيته يَتَطَوَّح بشكل يثير ضحك الذين يقابلونه في الطرقات.

هرب حسن من مواجهته، وعمل في أي عمل يبعده عنه، وقد

عرفه أصحابه باسم حسن السنهوري نسبة إلى قريته، وفرح هو بذلك لإسقاط اسم أبيه من اسمه، ربما يعود الجمعة أو لا يعود، وفي ليلة عاد وقد جعلته الخمر أكثر عنفاً، وجد حسن نائماً فأيقظه، فقام شاعراً بالاضطراب والغضب، حاولا النقاش ولكنَّ كلا منهما لا يجيد الكلام أو التفكير، هجم على حسن، فردّ عليه ودفعه، فوقع وارتطم رأسه بالحجر الذي يجلس عليه الزِّير، بعد فزع استمر لثوان؛ شعر حسن بالارتياح الداخلي كما لم يشعر من قبل، خرج ليخبر الناس عن موت أبيه، فتح الشيخ «قرني» باب المسجد على غير موعد الصلاة، وفتح الميكروفون، وتنحنح مجرباً الصوت، فطارت حمامات تسكن نافذة المسجد، ثم أعلن أن رجلاً مات والبقاء لله تعالى.. والطلعة بعد صلاة الظهر، جاء الأقرباء والجيران يمشون ببطء، تثقلهم سنوات الجفاء وشتائم الرجل لهم في موجات جنونه، انتهت مراسم العزاء سريعاً، عاد إلى عمله وشعر بعدم رغبة بالرجوع إلى البيت الذي مات فيه أبوه، هو حتماً لا يشعر بالأسف ولكنه لا يريد التذكر. ذهب إلى عمه الأكبر وتكلم عن حقه في الأرض، رد العم ساخراً بأنها أرض العُمد بالأساس ولها مُلَّاكُها، وأن أباه تنازل عن قطعته مقابل قروش سهر بها في المقاهي.

باع البيت لأعمامه، وقرر ترك سنهور كلها، وترك عدة قرى أخرى تليها وجاء ليعيش هنا، في أرخص قطعة أرض في محيط معرفته؛ عزبة الحلفا، التي تمتلئ السكك فيها بالشوك والحلفاء، ويغطي سماءها دخان العادم الناتج عن

المدخنة العالية، مجرد حجرة من كسر الطوب ملحق بها حمام بستارة؛ هي في الأصل مشمع من ذلك الذي تستخدمه عربات النقل في تغطية حمولتها من الرمل والطَّفَلة وهي تسير في المدن، تحته برميل كخزان لتصريف المياه وتجميعها، يجب عليه ـ ككل سكان العزبة ـ تغطية قاعدتِه بعد قضاء حاجته، وإلا أعطى البيت تلك الرائحة التي توحِّد بيوت العزبة، هي أقرب لرائحة العطن.

عليه رعاية ذاته بذاته، فلا أحد هنا يحبه، فهم ينفرون من الغرباء ويتوجسون منهم خيفة.

اشترى جَمَلاً وعمل جَمَّالاً، ينقل القطن والتّبن وجريد النخيل من الحقول للبيوت، ثم باعه وعمل في جني الزيتون والعنب في المزارع التي تقع على جانبي الطرق الصحراوية البعيدة، وعاد وعمل مشرفاً على الأولاد في لم الدود الذي يتغذى على ورق القطن، ومل التنقل وقرر العمل في مصنع الطوب، فالمصنع مواجه لبيته وقد تعود ضجيجه، كما أنه العمل الدائم والمتاح دوماً، في المصنع تعرف على العاملين فيه وصار له أكثر من أحد يتقبله، فأدمن الجلوس معهم على المقاهي في المساء، وتأمل أجساد النساء المارات في الطرقات.

ربما يحط عليه كسل غريب ويمكث أياماً بحجرته، وفي المساء أمام الباب يشعل النار ويدخن الجوزة. ولكنه يعود، في كل مرة يتركهم فيها، ويقوم بعمل جديد:

عربجي على العربات الصغيرة، ينقل الطوب المنشور في الشمس إلى داخل الفرن، وينقل من الفرن إلى الجرارات، أو على السير حيث الخيوط تقطع قطع الطين لتجعلها قوالب، أو مساعد للرصيص حيث يقذف له القوالب الخضراء من أسفل.

العمل الذي تمناه فعلاً هو أن يكون حَرِّيقاً، يصب المازوت في البرابخ ويتفقد النار ودرجة استواء الطوب، لا يخرج نيئاً أو محترقاً، ولكنه عمل يحتاج لخبرة سنوات ولشجاعة السير فوق حوائط وهمية وهو يفتقد إلى كليهما.

جالساً أمام الباب، يمسك ببوصة الجوزة ويقربها من فمه، لا يمتلك في جيبه ثمن قعدة المقهى، رأى جمعة أبو هاشم – العربجي بالمصنع – آتياً (في زيارة ستجعله بعد سنوات أحد العاملين الدائمين بالمصنع، إلى أن يصير ضعيفاً لا يقدر على رفع يده إلى فمه ليسقي نفسه) ألقى السلام وجلس دون دعوة، أخذ بوصة الشيشة ومال على أُذن حسن بجسده كله وقال شبه هامس:

ـ شغلانة عظمة يا حسن. لم يبد على حسن الاهتمام، تعجب الرجل، رد إليه بوصة الجوزة وطلب منه الصلاة على النبي صلى الله عليه وسلم وأوضح له:

ـ ستكون رفيق أحد أبناء العائلة الكبيرة.. هو رجل قعيد يقود سيارة للمعاقين، تنزله منها وتضعه فيها في كل مرة يخرج من بيته أو يعود.

أعطاه حسن بوصة الجوزة، فأخذ نفساً عميقاً لدرجة أشعلت الحَجَر، ترك دخانه يخرج ببطء وحسن ينظر إليه، فقال:

- ستكون معه في جميع رحلاته، هو لا يشرب منقوع البراطيش مثلنا، بل نبيذاً كما في الأفلام.

وضحكا معاً بصوت عال، مشى صاحبه وجلس هو محاولاً اتخاذ قرار.. عمل يليق بغريب، فهم هنا رغم فقرهم سيخجلون منه، قام ومشى في الهواء والهدوء الليلي، يفكر بشكل أفضل وهو يعقد يديه خلف ظهره ويسير، ماذا لديه ليخسره؟ ومَن عنده يخجل منه؟ ظل يسير حتى وجد نفسه تحت المدخنة العالية، شعر بحرارتها تهب عليه مع الهواء، فلف جسده في اتجاه البيت وقد اتخذ قراراً بالموافقة.

عاد وهو أكثر وعياً فتَسنَّى له سماع ما يحدث ليلاً في عزبة الحلفا، من تجارة الأقراص المخدرة والبانجو، مقابلات للشرب وإفراغ الشهوة، غرباء يعاينون البنات ثم يعودون لسيارتهم المركونة بعيداً، يمشي على مهل، كي لا يدهس فضلات الأطفال وموضع بولهم، أنصاف قوالب الطوب المتناثرة، الفئران التي تعبر سريعا تحت قدميه.

نام.. أيقظه أذان الظهر، بدل جلبابه بواحد أحسن منه، مشى في اتجاه بيت الرجل، سرايا قديمة، مطلية بلون كان ذات يوم أصفر، يحيطها سور عتيق، المدخل فوقه تمثال لنسر، أرض واسعة كانت حديقة يوماً، ولكنها الآن ممتلئة بالأعشاب الجافة وتقف السيارة بركنها القصي.

الرجل الذي اختار - لأسباب عملية - الحجرة التي تلي الباب بالدور الأرضي، جالس على كرسيه في الشرفة، يجب عليك أن تصعد عدة

سلالم حتى تصل إليه:

ـ السلام عليكم يا عمدة.

سلم عليه وهو يتأمله، دخل الحجرة فدخل وراءه.. سرير وكراسٍ ضخمة بأطراف مذهبة.. أو كانت، رائحة خمر ذكرته بأيام لا يحبها. صورة لأبيه على الحائط،

أبو البرنس.. جاء ذكره في أكثر الحكايات سواداً عن الظلم والتجبر: (لو قلتَ يا رب أعطني جنيهاً فلن يعطيك، ولكن لو قلت يا سيدي أعطني سأعطيك)!

كل شيء ينبئ عن غنى قديم، أيام من الثراء والسلطة ولت وبقيت منها بيوت ضخمة وأفدنة واسعة من الأراضي، أزاح كرسيه للداخل، وحينها استند إلى يديه وانتقل إلى سريره، ثم أطبق الكرسي على ذاته واستوى في جلسته، بأن حمل قدميه بيديه ومدهما أمامه، له أقدام طفل لم يلمس الأرض أبداً، يعاني بجانب شلله سمنة زائدة وصعوبة في التنفس.

ـ كيفك يا حسن؟ وعانى من موجة سعال.

ـ تمام بوجودك يا عمدة.

ـ تعالَ هنا قريباً مني، قرب لا تخف، تشرب أم ستتقيأ وتقرفنا؟

وسحب زجاجة كانت بين الحائط والسرير..

ـ لو شربت بحر يوسف لا أتقيأ.

ضحك العمدة فاستثشف أنه تم قبوله في الوظيفة. ناوله كأسه فتجرعه مرة واحدة، أحس بألم في بطنه، ثم ذهب بطيئاً ليحل محله

تخدير يبعث على الابتسام دونما سبب، شربَا معاً كثيراً، وتكلم الرجل الجائع للبوح، تكلم كثيراً.

صار رفيقه، يحمله ويضعه في سيارته ويركب بجواره فيشتم رائحة عرقه وعطره ويميز رائحة الكحول، لا يريد تذكر أبيه، يسمع من أعماقه: أصلح بواجير الجاز.

يهز رأسه ليطرد الأفكار.

يذهبان معاً إلى أماكن للشرب لم يكن يعرف أن لها وجوداً بالمدينة، بيوت سيدات يمنحن المتعة مقابل المال، يفكر كيف يفعلها هو بشلله وحجمه؟ يأكله السؤال حتى يكاد يسأله، ولكنه يعدل عن رأيه في النهاية، يجلس بعيداً وهو يقابل أصدقاء المدينة، ويستمع إليه وهو يوبخ بابتسامة؛ الفلاحين المستأجرين عنده في أرض الخمارة، الذهاب للأرض أحلى أوقاته وأكثرها ممارسة للنفوذ، يشعر أنه عاد للأيام الأول، أيام أبيه وجده وهم يستقبلون تزلف الفلاحين بلا مبالاة، لا أحد يجرؤ على المجيء راكباً حماره، بل ينزلون ويجرون حميرهم وراءهم.

أرضه متناثرة، ولكنه يفضل الذهاب لأملاكه في هذه المنطقة، حيث الأشجار طالت فاستطالت فتشابكت حتى صارت السكك لا ترى الشمس، الكثير من تكعيبات العنب، أشجار المانجو، الليمون، النارنج المر، الورد البلدي، التين الشوكي، والوحواح يحرس حدود الجنائن، منخفضات بعدها منخفضات إلى ما لا نهاية. هناك يكون عنده استعداد لشرب الشاي والحكي. هدوء يجعله يقول:

ـ هنا تقتل القتيل ولا أحد يحس بك.

يحكي لحسن:

ـ زمان كانت كلها كروم عنب، ينتج منها الإنجليز أجود أنواع النبيذ.

وهناك على حواف الخمارة وبداية أرض (البيضا) أراه حجرات قديمة مبنية بالطوب الأحمر الكالح، وبالحوائط قطع من الحديد:

ـ هنا كانت عصارات العنب.

بدا له المكان كسجن، وسارا معاً، وأشار إلى مكان طلمبة قديمة لم تعد تعمل:

ـ مياهها كانت باردة في الصيف ودافئة في الشتاء، وهذه شجرة أم النحاسات، التي تنزف دماً كلما قُطِع أحدُ أغصانها، لا أحد يأتي هنا الآن، ولكنك لو جئت من عشرين سنة، لرأيت المتباركين بها والحاجين إليها، تكبر وتتضخم وتسرح بجذورها في الأرض ولا أحد يجرؤ على اعتراضها.

ثم أشار إلى أماكن سريان عيون الماء، التي كانت متفجرة دوماً من الجروف العالية، ثم جفت ولا أحد يعلم لماذا.

يقولون إن هناك من حاول تعبئتها في زجاجات وبيعها وهي الآتية من عند الله تعالى فجفت، ولكن آخرين يؤكدون أنه الزلزال، حرك طبقات الأرض فغار الماء.

حب وحسد، غيرة وإعجاب، مشاعر تتعارك داخله، فتزيح إحداها الأخرى، كي تطل برأسها ثم تعاود الهدوء، حتى هدأ تماماً عندما وجده ميتاً في حفرة البيت.

لم يشعر ناحية رجل ما؛ بهذه المشاعر، حتى قابل بعد ذلك بعهد طويل عم نور وهدأت مشاعره ناحيته هو الآخر، عندما مات في حفرته الخاصة.

5

أم كريمة تأخذ جانباً من المصنع كما تأخذ جانباً من العالم، كل شيء كان يدفعها لتبدو كما هي الآن، غاضبة ومتوحدة، قابلها زوجها في أحد الموالد، صغيرة وجميلة، تجيد ما يجب على البنت إجادته، تحلب الجاموس؛ حتى العنيد منها وما يطلب المراوغة، تعجن فتضرب عجينها في ماجوره بصوت مسموع، وتخبز فتجعل الرغيف يطير في الهواء فوق المطرحة، قبل أن تلقيه فوق بلاطة مصنوعة من طين الأعماق المخلوط بأزهار البردي، أحبها ولم يتوقف عن ذلك حتى في أشد أوقاته غياباً عن الواقع، أتى بها من عزبة الساقية وسط احتفالية من المحبين، يتقدمهم حاملو الكلوبات لعدم وجود لمبات كهربية في الأعمدة بين عزبة الساقية وبني صالح، كان لزاماً عليها تعلم مهارات جديدة لترضي رغبات أم زوجها في الوصول للكمال من وجهة نظرها الخاصة في الحياة، فتعلمت كيف تصنع حبالاً من ليف النخيل وأسبتة من سعفها، وكيف تجمع القطن وكيفية استخدام محشة البرسيم بدون أن تقطع أحد أصابعها.

ربما اشتكت لزوجها ثقل العمل اليومي في خدمة هذا البيت الكبير، والذي لا تخصها فيه سوى حجرة نومها، لكنه يرد أن جميع الناس هكذا، وهو مع ذلك حنونٌ وطيبٌ ويحضر لها حلوى المشبك سرّاً عندما يعود.

لكنه لم يستطع أن يدافع عنها كثيراً عندما بدأت في منحهم بنات بدلا من الذكور، حتى لقبتها أم زوجها بأم البنات، ولقبها الناس بأم الكبرى فصارت أم كريمة.

ما إن تقدر البنت على المشي وحيدة، حتى يتم منحها إحدى المهمات التي لا تنتهي، بل تتولد منها مهمات أخرى في سلسلة لا نهائية، كرمي القمامة على الكوم أو سكب المياه المستعملة في البحر، والاعتناء بالطيور، وكنس البيت من فضلاتها عدة مرات يوميّاً.

ظلت تجمع ما يصل إلى يدها من بقايا ماله في هدوء، فليس لأحد هنا أن يطالب بمال خاص، الكل يعمل في الحقول ذاتها، ويأكل على الطبلية الكبيرة ـ التي يدحرجها الأولاد عند كل وجبةـ ذاتها. باعت أوانٍ نحاسية لم تعد تستخدمها، وحَلَق مَخْرَطة كان مخبأ تحت غطاء رأسها، وأصرت على شراء أرض لبناء بيت مستقل ولو في آخر العالم؛ ناحية قبور الأموات، فاشترى قطعةً من هذه الأرض التي تبعث ماءً، ثم تعيد بلعه تاركة طبقات من الملح المتكلس في كل مكان.

قالت أمه التي كان الإفلات من تحت يدها شيئاً يشبه المعجزة:

ـ تترك بيت أهلك وتقعد في أرض حمض.

رد هو:

ـ كلها أرض الله.

فردت بقولها:

ـ الرجل لمَّا تجره زوجته. فلم يرد.

استمر بالعمل في الحقول، سواء تلك التي له ولإخوته أو للآخرين، فالبنات يكبرن والزواج آت بكل ما يحمله في مراسمه، من حرق للمال في أشياء أغلبها لا وجاهة له.

أبو كريمة ـ الذي كان عائداً من الحواتم ماشياً من شارع مصطفى كامل الطويل ـ يتأمل واجهات المحلات، ويفكر ولا يصل للجوهر عن كيفية توزيع الله تعالى للأرزاق.. إذا به يسمع نداءً من خلفه ينطق اسمه:

ـ محمد صلاح الطويل.

فتوقف.. فضربه حصانٌ يجر حنطوراً في كتفه.. فركن إلى جوار الحائط، منتظراً الرجل الذي يأتي، يشبهه في الملامح والجلباب البلدي ذي الأكمام الواسعة، وبعد أن تعانقا وضرب كل واحد على ظهر أخيه بقوة كقوة المحبة في القلوب، جَلَسا على أقرب مقهى قابلهما، بينما يشرب الرجل الشاي شرب أبو كريمة السَّحلَب كنوع من التغيير، تذكرا أيام اللعب وراء البهائم في حقول البرسيم، واللعب بالضفادع ومطاردة الفراشات قبل أن يأخذهما أبوهما، ويستقر في حي الصوفي بالقرب من محل القماش، الذي يعمل به في شارع القنطرة ـ كما سماه الرجل ـ أو المعرش كما سماه أبو كريمة، وهو يعيد الكلام ليتأكد.

دُونَ كلِّ ما قاله هذا القريب التصقت في عقل أبو كريمة حكايته عن جدهم الثاني ذي الغنى الكبير والأراضي المبعثرة في طول الفيوم وعرضها، وقد أوقف أرضاً لصالح أحفاده من الجيل الثالث، الذين هم أنفسهم المتكلمون، ولكن أتى عبد الناصر وألغى الأوقاف، والعقود موجودة وهي قضية تحتاج لمناضل.

وجد أبو كريمة في نفسه هذا المناضل، فحدث له ما يحدث للعاشقين والدراويش إذ صارت حياته كلها منصبة على الكيفية، التي يرجع بها أموال جده الأكبر وتوقف الزمن من لحظة قيامه من المقهى، ولن يكتمل استمراره إلا في لحظة الغنى المفاجئ إثر إثبات الحقوق.

أم كريمة التي فاجأها مرض الزوج الغريب، وقضاؤه الوقت وسط صور من أوراق مكتوبة بقلم الكوبية بخط منمق، حاولت استرداده من الماضي، الذي تردى فيه ولكنها لم تنجح، فكان عليها كقائد ثانٍ لجيش منسحب أن تُمسك الراية، على كل بنت تريد الزواج تجهيز نفسها بالذهاب للسوق، سواء الذي بالشادر الكبير بالقرب من باب الوداع أو ذلك الذي في بني سويف.

أما هي؛ فقد مشت تحاول تجنب الكلاب والأطفال والشوك، حتى سور المصنع القديم، ثم عاودت المشي قليلاً بجواره، حتى توقفت فجأة، ثم جلست كأنما تستريح من عناء سفر طويل، ثم قامت وألقت بالطوب جانباً واقتلعت نباتات الحلفاء النابتة كسكاكين، ثم ذهبت وعادت تحمل أدوات لصنع الشاي ودلاء لغسلها.

هكذا أتوا في صباح؛ ليجدوها كأنما هي هنا منذ قرون، إحدى معالم المصنع، تعمل فيه ولكنها لا تنتمي له، تصنع بجوار الشاي؛ الحلبة والزنجبيل والفول الذي طهته بدفن القدر في روث البهائم المشتعل طوال الليل، وغيرت نكهته المعتادة بوضع الثوم والطماطم وقطع الفلفل الحريف.

تأتي قبلهم وتفعل كل الأشياء معاً، كأنما لها أيدٍ كثيرة خفية، تضع الطعام على طاولة مرتجلة هي بالأساس درفة باب قديم، وتغسل الأكواب وتريق الماء بجانبها فتبتلعه الأرض؛ تاركة التفل وحبات الحلبة التي انفلقت إثر الغليان، وتجمع الطعام وتضعه في كيس قماش مربوط إلى صدرها، ترجعه مكانه فيبدو جانِبَا صدرِها غيرَ متساويين. لا تحب المزاح ولا عفرة التراب ولا الحساب المؤجل لأيام الخميس.

ربما ذهبت البنات للأسواق وتركن لها أولادهن، تتركهم يلعبون في الفراغ الذي حولها، تمنحهم حلوى جافة، يقضمون منها على مهل، تقع منهم في التراب ثم يعودون ويلتقطونها. عندما تفرغ يديها من العمل تنظر إليهم، في عينيها محبة لا تترجم أبداً إلى كلمات، لو وقع أحدهم سيبكي وهو ينادي عليها:

- يا ستي.

وترد هي:

- اسم الله عليك.

لم تصعد يوماً لعم نور، ولا يزيد الكلام بينهما عن سلام الله وتحية الصباح ولكنها كانت تشعر في داخلها؛ وبمفرداتها الخاصة، أن هناك

بالأعلى رجلاً يصنع الخير ويحافظ على توازن هذا العالم وهؤلاء الناس الذين يسكنون حوله.

تكونت تلك الفكرة واستقرت مع سماعها كلامهم عندما يأتون، يستريحون قليلاً ويخلصون قلوبهم من بعض أثقالها، يتكلمون بأريحية، يعرفون أنها كقعر بئر المازوت، ما سقط فيه نُسي للأبد، يأكلون الكثير من الخبز مع قليل من الغموس، وهي تضع لهم طعامهم، تلمح أثر الشمس وقد حرقت جلد أكتافهم، تفكر أنه ربما لها على قلوبهم نفس الأثر.

لذا عندما سمعت بوقوعه لم تترك مكانها وجرت كالآخرين، ولكنها كررت ـ ويدها على قلبها مراراً ـ: اسم الله عليك.

6

الخميس هو اليوم الذي لا يغيب فيه الحاج حسن ولا الشيخ خالد، يصعدان سلم حجرته العلوية ببطء، يناسب حجم السنهوري، يتوقف بعد عدة درجات ليتسنى له أن يملأ صدره بالهواء، يسعل ثم يكمل. عند البسطة الأخيرة ـ وبينما يسرع الشيخ خالد بفتح الباب ـ يأخذ هو كوب الزير، الذي كان فيما مضى علبة مُرَبّى، ويشرب ما فيه، ثم يعيد ملأه من الجوف المظلم، بارد ويروي الجوف، يشرب عدة مرات متتالية، يقول: ‟الثلاجات التي جلبت للناس الإيدز" ضحك الشيخ في عقله من جهل الرجل، فالإيدز يأتي من النساء؛ لا من الثلاجات!

الحجرة ضيقة، مبنية من كسر الطوب وأنصاف القوالب التي سحقت جوانبها الجرارات، تراها فتشعر كما لو أنها بُنيت على عجل، تدخل فتجد عدة برطمانات من الزجاج لحفظ المريمية والزنجبيل والنعناع في الركن القصي، كف عن الشاي مع أنه يحبه عقب ألم عظيم بالأقدام، أخبره الطبيب أنه داء النقرس وأمره بالكف عن احتساء المشروبات السوداء كلها. على الحائط نتيجة قديمة عليها صورة الشيخ الشعراوي، لم يجرؤ أحد على إلقائها أرضاً.

الدكة العتيقة ذات شغل الأرابيسك القديم، يجلس عليها فتكون أمامه نافذة واسعة بلا زجاج، تمنحه مشهداً كليّاً للمصنع وما وراءه، يلقي نظرة واحدة تكون كافية لتكوين رؤية عما يحدث هذا الصباح، من المنشر حتى خروج الجرارات والحمير المحملة بالطوب الساخن إلى مواقع البناء.. علو يسمح لنظره بالوصول إلى مقام الشيخ العراقي البعيد. يرفع قدماً بجواره ويدلي الأخرى على الأرض ثم يبدل بينهما.

يجلس الشيخ خالد إلى أنبوبة البوتاجاز الصغيرة، يغسل الأكواب، ويبدأ بصنع الزنجبيل أولاً، يؤمن الحاج بقدرته على جلي الحلق وجعل الجسد دافئاً. يحاول التملق:

ـ أعطِ رِجلَيك البراح يا حاج. يرد الحاج غير عابئ:

ـ قال لي الطبيب أن أرفعهما عن الأرض.. ممتلئتين بالمياه، أمشي فأجرهما كطفل يتعلم المشي.

يعطي الحاج كوبه ثم يجلس على مكتبه؛ مكتب الصاج الصدئ، يتأرجح خفيفاً رغم أنه مسنود بأسفل بنصف قالب، يخرج من درجه دفتره وأقلامه.

خالد الذي كره الزراعة أصر على الذهاب للمدرسة من باب الهروب، وأكمل حتى أنهى مدرسة التجارة، وعمل في المطاعم والمزارع المملوكة لقادة متقاعدين من الجيش على الطرق الصحراوية، وظل يتابع أخبار الوظائف الحكومية وتملق الوسطاء وذوي النفوذ والتلميح بوجود المال اللازم في حال إيجاد مكان له، وجاءته الوظيفة بوزارة الأوقاف، كعامل بالمسجد، فتم منحه لقب

شيخ! هو لم يتحمس له، فهو شيخ بحكم الوظيفة التي لم يجد نفسه فيها يوماً، بل يشعر أنها حبال تربطه بالمسجد حتى ولو لم يرد الذهاب.

واقعيّاً لا يعمل شيئاً معيناً سوى فتح الباب وإغلاقه بعد كل صلاة، بالإضافة إلى الطرد العنيف للعيال الذين يرون في المسجد مكاناً للعب! ولأن مرتب الحكومة لا يكفي فقد بحث عن عمل آخر، ليس بإمكانه العمل في المحافظات الأخرى لارتباطه بالمسجد، فعمل بمصنع الطوب، وعندما يأتي مفتش الأوقاف للمرور -وبمجرد وضع قدمه بالقرية تكون كل المساجد على علم- يترك ما في يده ويعود ليفتح الباب الكبير، ويجلس كمن كان هنا منذ سنين!

لاحظ فيه الحاج معرفته بالحساب، وخطه الجيد في الكتابة، وللخط الجيد عند الحاج تقدير، يمسك دفتر اليوميات ويسجل عدد القوالب التي تحملها الجرارات لمواقع البناء، الآجل والمسدد، جمع إنتاج كل عامل، وما عليه من سُلف، وما له من باق، أو كما يقول هو: يأخذ الجميع من ذكر وأنثى ما له بالحق والقسطاس. هو لا يعرف ماذا تعني كلمة القسطاس ولكنه أحبها لجرس فيها! وعندما يأتون تباعاً ليتقاضوا ما لهم، دوره أن يكرر: فلان الفلاني يا حاج كذا من الجنيهات. ومن شاء أن يعترض فليعترض وسيجد الشيخ جاهزاً باليوم والساعة وعدد الإنتاج.

في غير أيام الخميس وتسليم الأسبوعيات، يسجل من يريد سلفة مقدمة ويغلي الأعشاب للحاج، يسقيه مع ما يسقيه أخبار القرية والمصنع والنساء والرجال، المسافرين بعيداً والمقيمين، وأحداثاً

بالمصنع لم يكن موجوداً في وقت حدوثها. يتحدث وهو يتأمل زهرة وهي تلصق الورق الحراري بالنشا على أحد أبواب الفرن كي تمنع النار من الخروج.

ينظر إلى المكان المتسع أمامه، يشعر بزهو خفي، يهدر حولَه كلُّ شيءٍ فيسمع أصوات مختلفة متداخلة، ويرى المصنع مصبوغاً بالحمرة والسواد، ينظر إلى الساحة، ويبدأ من أسفل الحجرة، حيث مدخل حمامه الخاص وحمام العاملين المجاور، سيارات النقل الكبيرة التي تأتي بالطفلة من صحراء بني سويف، يدير السائق مؤخرة سيارته، ويرفع الصندوق عالياً فتنزل هادرة محدثة عفرة تجعل القريبين يضيقون أعينهم ويسعلون، تسكب فوقها البنات الصغيرات بعض الرمال، ثم يرشها رجل بالماء الآتي عبر مُوتور من البحر الضحل المار بجوار المصنع، ينقيها رجال من أي أحجار قد تعطل الماكينة، يخلطونها بفؤوسهم مع الماء والرمل، تُقلب وتترك أياماً، تأخذها بعد ذلك البنات على رؤوسهن ويرمين حمولتهن في الخلاطة، تخرج من الخلاطة على سير، لتدخل المكبس، تخرج من المكبس شريطاً مستوياً من الطين؛ ناعماً ومستوياً، يدخل في القَطَّاعة التي تقسمه إلى قوالب، ثم الخَتَّامة، التي تختم جوانب القالب باسم السنهوري، ليقوم رجال (الخضرة) بتحميلها على عربات الأولاد الصغار، الذين يمشون بها حتى أرض المنشر، ترص مخلخلة حتى تتخللها الشمس، تغطى بسيقان الأرز الجافة، لأيام في الصيف أو أسابيع في الشتاء، لتجف من الماء تماماً، ثم الحمارون الذين يأتون بالطوب الأخضر من

المنشر، والمناول الذي يأخذه ويعطيه للرصيص والرصيص الذي يبني الحيطان العالية. زهرة تسبق النار دوماً، تهدئ قلب الفرن بطلي الحوائط بالطين البارد، فكر في أن يختص نفسه بها، كأن تعمل بالبيت لمساعدة الحاجَّة التي أهلكها السكر وفرط الوزن، تحت أي مسمى، ولكنه عاد وفكر أنها من تخفف وطأة الشغل على الرجال، وبدونها يصير اليوم ثقيلاً وسخيفاً.

ينتهي الرصيص من حوائطه، فيشير للموضب الذي يخبر الحريق، فيقوم الحريق بفتح صنابير المازوت على الطوب ثم يشعل النار فيه.

بعد حرقها تترك لتبرد، ثم ينقلها رجال يلفون أيديهم بطبقات من القماش إلى أعلى الجرارات، وتظهر الحمير لنقلها إلى مواقع البناء، ثم ينتقلون إلى ركن آخر من الفرن، لبدء دورة جديدة؛ أوامر كثيرة ونواهٍ، كل الأصوات متداخلة، لهم لغة خاصة، حيث يقلبون أحرف الكلمات، ولكنه كان واحداً منهم، يقرأ شفاههم، يعرفهم ويفهمهم، بنات كثيرات تَرَكَت القوالبُ الساخنة على جيدهن آثاراً لا تنمحي، رجال بذقون نابتة وخشنة، يغطون رؤوسهم بعمائم كانت بيضاء للحماية من الشمس، قمصان خفيفة ممزقة حيث يظهر شعر الجسد، يرتدون الجينز الأزرق، إنه أكثر قماش يتحمل العمل ويتمزق ببطء، يرمشون بأجفانهم كثيراً، لجفاف يصيب حجر العين، يضعون أيديهم على وجوههم ويمررون إصبعهم الأكبر فوق حواجبهم لطرد العَرق.

وهم يجرون ليفعلوا كل هذا، ويجدون أيضاً متسعاً من الوقت والروح للغمز وتبادل النكات، والسخرية منه أو الحقد عليه، والعراك

بينهم، واتفاقات على سهرة الليل أو جلسة للشرب، يناول بعضهم بعضاً كسر البرشام مع السجائر، يتحرشون بالبنات الصغيرات، بنات حفاة، تشققت أقدامهن، جافات، متعرقات، تحمل رموشهن الكثير من التراب الأحمر، ومع ذلك تجعل الشمس أعين الرجال تتبع الأنثى.. أي أنثى!

يتغاضى عن الكثير ما دام العمل سارياً، عمل مثلهم ويعرف الواقع.. بدون الضحك وأنثى جميلة سيتعبون، يرهقون سريعاً ويجلسون، يُنحَرون كالحمير العنيدة، ولكن حين تقع وتقف أمامه، تجده ينشر في العلن كل ما حسبت أنه مكتوم في باطن الفرن!

يرى علي وسيد يتكلمان، يفكر في نفسه: (مؤكد أنهما يتناوبان الحكي عن النسوان اللائي رأوهنّ الأيام الفائتة).

فكر في داخله مرة أخرى: (كل هذا العمل لا يهدهم) عمل هو من قبل في كل مراحل المصنع، ويعرف المشقة وخدل الكتفين، وألم انزلاق الغضاريف، وخلع الكتف. لكنهم جاؤوا في أيام تقدم الطب، أيامنا لم نكن نملك لألم الظهر؛ سوى ثقب الأذن ومغلي نبات البرنوف، وللنساء لم نعرف إلا حجر جهنم، وخرجت أفكاره من عقله إلى فمه دون أن يدري، ولكنه رجع على صوت خالد يحملق فيه ويسأل:

- من هؤلاء أولاد الكلب يا حاج؟

يظلون في جريهم، حتى يأتي نداء الموضب صفي بمعنى انتهاء الطريحة المطلوبة لهذا اليوم، فيلقون ما بأيديهم، ويجلس البنات والأولاد الصغار في أماكنهم يستريحون.

حكى له الشيخ خالد أن الحاج محسن صاحب المصنع الذي يليه ـ وتبدو مدخنته من هنا كسيجارة تبعث دخانها وسط البيوت ـ بينما يراقب العمل كما يفعل هو الآن؛ رأى تمثالاً ينزل مع الحمولة، سكت ولم يتكلم حتى ذهب السائق، فنزل ودس يديه بالطَّفلة وبحث إلى أن وجده. كانت نقلة في حياة محسن ومصنعه. أما هو فلن ينسى ذعره حينما رفع سائق القلّاب صندوق السيارة، فنزل بعد انتهاء الطَّفلة شابان، كاد حينها أن يبول على نفسه وهو يرى قتيلين ينزلان في قلب مصنعه. ظل يصرخ حتى وقف العمل تماماً، جرى بقدر ما يستطيع ناحية السائق، فتح باب سيارته وشده للخارج، حاول الرجل الاستفهام لكنه أمسك بفتحة جلبابه، وذهب به جرّاً حتى مؤخرة السيارة وأراه الشابين، السائق لم يجد وقتاً للصدمة، وأقسم أنه لا يعرف شيئاً عنهما، ولكنه يتذكر أنهما كانا من عمال المصانع في بني سويف، ينامان أحياناً في صندوق السيارة، لكنهما يستيقظان بمجرد أن يدير مفتاح التشغيل ويقفزان إلى أسفل، اليوم ذهب للمحجر وصب الحفار الطفلة فوقهما. كيف ينال التعب من إنسان درجة، تجعله ينام في سيارة تمشي في مدق جبلي؟

ـ تأخذ مصيبتك وترجع بها حيثما كنت.

وقام عدة رجال سيئي الحظ، ومرتعشين، بحمل الجثث مرة أخرى للصندوق وتغطيتهم بطبقة طَفلة، ورحل السائق الذي فقد تماسكه؛ وهو من فرط خوفه يوشك على البكاء، وقد أقسم الحاج ألا يطأ أرض المصنع ثانية.

صفحة السماء بلا سحاب، وسرب من الطيور يعبر فوقهم فيسأل السنهوري:

- أهذا إوز عراقي يا شيخ خالد؟

خالد يغسل الأكواب مما علق بها من سكر تحجر في القاع، وصف من النمل يذهب منها وإليها

- هو يا حاج.

- أين يذهب، ومتى يرجع إلى بلاده؟

- يذهب إلى بركة قارون.

- يُؤكل أم مثل حمام الشيخ؟

- طبعاً وطعمه مثل السكر.

يسكت الحاج وهو يتابع العمل، فيقول الشيخ خالد:

- البنت زهرة فتنة يا حاج، تفتن الرجال وتعطلهم عن العمل. يريد الحاج إسكاته فيسأله:

- صحيح يا شيخ.. زنقت البنت عنبة وهي تملأ المياه من حمامات الجامع؟ تفاجأ الشيخ ولم يرد فيكمل الحاج حسن:

- أنتم يا أهل الأوقاف أكثر مَن لا يعرف الله.. ستدخلون إلى جهنم بطيارة.

للشيخ فلسفة خاصة، لا يطرحها على كل الناس، بل من يتوسم فيهم العلم والفهم! ومفادها أن الله الذي جعل فصول السنة أربعة، يتقلب الإنسان بينهم، وخلق البرد والحر وما بينهما، جعل كذلك الرجل يشتاق إلى التنوع في النساء،

إنه أمر في تركيب الرجل وليس مجرد ترف، ولأنه لا يستطيع الزواج الثاني لارتفاع تكاليف المعيشة، فإنه يقع في الخطأ بين الحين والآخر، ولكنه يرجع ويصلي ويتوب إلى المولى تعالى.

يناوله دفتر اليومية وحساب كل عامل، يفتحه الحاج ويضعه أمامه، ثم يرجع بصره إليه، وهو يمد يده ويعطي كل عامل ما له حسب ما هو مدون.

7

ينسلون من البيوت مع الفجر، مبكرين بما يسمح لهم بمشاهدة تفاصيل انسلاخ الليل عن النهار. ربما ردد بعضهم: "يا فتاح يا عليم يا رزاق يا كريم"، لكن آخرين يقومون غاضبين من العالم، لا يكادون يردون تحية الصباح، ربما لإحساس خفي أنهم مستيقظون والناس نيام، أو لتفكير أصابهم بأنهم كانوا يستحقون حياة أفضل.

اليوم هو الخميس.. وللخميس بهجة. يبدأ الكلام غالباً عن أحداث الأمس أو أحلام النوم، وفي الظهر يصطفون لاستلام نقودهم في حجرة الحاج حسن العلوية، وفي المغرب طعام غير معتاد، وفي الليل قعدة المقهى ولعب الدومينو، وضم الزوجات لمن عندهم واحدة.

يوم محتمل للعمل.. فغداً راحة، يدعون أن الشيطان ذاته لم يحتمل العمل في الطين حتى نهاية الأسبوع، وترك حقه ومشى قبل يوم الخميس، أما هم فيحتملون.

عيد يضحك من نفسه في قعدته مع عم نور، إذ يتذكر طفولته

عندما كان يجمع الأطفال ويلف حول عزبتهم ويرددون وراء الجزار سعر اللحم، وفي المساء يجمعهم لأخذ عدة دورات أخرى حول العزبة وهم يرددون:

ـ هيوكلونا اللحمة الليلة.

يبتسم نور:

ـ كنت عبيط.. لكن لما كان عمك أبو عيد يمسكني.. كانت عصرية طين.

يحاول مداعبة عماد فيسأله:

ـ ماذا تطبخ لك أمك يا عمدة؟

يرد عماد بعنف:

ـ وأنت ما لك.

لا يشعر بالضيق بل يضحك وهو يمد يده بكوب الشاي بعيداً، حتى لا ينسكب على أطراف جلبابه.

اليوم كان لديهم شيء مختلف يتحدثون عنه، وهو مجيء الحفار لتعميق البحر، يأتي كل عدة سنوات كحدث يستحق المشاهدة.. إذ وقفوا أوان انصرافهم بالأمس قليلاً ـ حسبما سمح لهم به ألم الأقدام- يتتبعون الآلة الضخمة، وهي تخرج أحشاء البحر وأسراره لهم، وتضعه أمامهم على الطريق، تتحرك بطيئاً يتبعها الأطفال، يتلقفون حمولتها من الطين، يضربون بأيديهم فيه، يخرجونها ممسكة بسكاكين وملاعق وأمشاط الشعر وحقن المرضى، كل الأشياء التي تخلصوا منها بمحض إرادتهم، أو سقطت من البنات أثناء جلوسهن لغسل المواعين على حافة

البحر، كما تخرج بكميات كبيرة أسماك الأعماق التي لا يرونها إلا في حالتين؛ أن يضع شخص ما؛ مجهول لهم في أعالي البحر مادة يعتقدون أنها توتياء، تخنق السمك، وتجعله ينقلب على جانبه، ويصير سطح الماء مزدحماً، يتشنج يحاول الخلاص، يصارع من أجل البقاء، ثم ينقلب على جانبيه ويترك نفسه لأي يدٍ مُمْسِكة، قال (عيد) إنها تُوضع أصلاً لقتل البلهارسيا، وحينها يأكل كلُّ مَن يسكن جانبي البحر من هذا السمك، وتفوح بعده لعدة أيام رائحة لا يحبونها ولكن عقلهم يتجاهلها فلا يعودون منتبهين لها، أو في السدة الشتوية حينما ينحسر الماء ويظهر السمك وهو يلعب، يتم قتله صعقاً بوضع سلك كهرباء عارٍ في الماء، ليسهل الإمساك به، ولو أن هذه الطريقة تخلف قتلى نتيجة التسارع على السمك، الذي يتلوى تحت تأثير تيار الكهرباء القاسي.

ذكر هم حفر البحر بأيام الشتاء، حيث تمطر السماء فتتعطل الشوارع، ولا يستطيعون الدخول أو الخروج، يعلو مستوى المياه وتصنع جبباً، تقترب من أعمدة النور، تصير مصيدة للموت، وفي الصباحات التالية، يجدون في برك الماء الصغيرة فئراناً وكلاباً وأحياناً أطفالاً.

الحكايات هذا الصباح عن أشياء ضاعت ونسيت منذ سنين، خرجت بالأمس.. جثث الموتى المجهولين والأسماك عجيبة الشكل وأدوات الأكل والزراعة.. عن الشتاء الفائت وما حدث فيه.

الوحيد الذي جاء غير سعيد؛ هو عم نور، الذي أجاب حينما سأل عن تكشيرته:

- سمك تربى على جيف البهائم النافقة.

كلمة أفسدت سعادة من سمعوه وهم لحسن الحظ قليلون. ذهب الجميع لاستلام الأسبوعية.

هو الوحيد الذي لا يذهب إلى حجرة الحاج، يُرسل له أجره مع أي بنت صغيرة أو عماد مساعده، تصله فيرفع نور يده إلى رأسه ويرجعها إلى صدره علامة الشكر، الاثنان في مستوى الارتفاع ذاته، حسن في حجرته ونور على بغلته/ الطين، ما الذي يجعله صابراً على هذا الرجل فالأسطوات كُثر؟ ولكن ما الذي يجعله يقوم بطرده؟ ليس هناك مشاكل تخص العمل. المهم هو العمل، أما فيما يخص ثقته بنفسه واعتزازه الزائد فهنيئاً له به.

يحب أن يجعل نفسه كبيراً؟ يحل مشاكل الآخرين؟ فليكن.. إنه يزيح -من حيث يدري أو لا يدري- عن رأسه. يحبونه؟ ليكن.. المهم الخشية. إنهم يخشون من بيده المال.

نادى نور على سيد:

- أسطى سيد تعالَ لتشرب الشاي. يصعد سيد على سلم الفرن على مهل، يمنح نفسه فرصة للتفكير وتجهيز الإجابات، يشعر بالتعب ورغبة في الهروب من الشمس لا الاقتراب منها بالصعود عالياً، فيم عساه سيتكلم؟ لم يجد في عقله غير زهرة، مؤكد أنها اشتكت له، كيف تأتي لها كل قوة القلب تلك؟ لا يخفى على أحد أن نور يفرض نوعاً من الحماية حولها، فالجميع ينظرون إليها، يتمنونها، هي بيضاء وسط قرى من نساء بلون قمح لوحته شمس مايو، أما هي فأخت الشمس وصديقتها، تجعلهن سمراواتٍ وتأتي عندها وتحنو! فتمنحها مزيداً

من الاحمرار المحبب، تصير بملامح طفلة، تغري بالتأمل والنظر، تمنحها وحدات عرق تلمع على جبهتها، فتهرب إليها أعينهم في محاولة لاتقاء قسوة الشمس فوق الرؤوس، حتى أولاد عزبة الحلفا على أسطح منازلهم، يقفون ليشاهدوها. هل فعلاً قطعت الماكينة إصبع موسى لأنه نسي نفسه وهي تمر بجواره؟

بنظرة يوقف من يتعرض لها، باتساع عينيه، بتكشيرة، قلما تطور الأمر واضطر إلى الكلام. لكن في النهاية نور مجرد رجل أعطى لنفسه صلاحية ليست له، هو ليس بعم لها كي يزجر الجميع. لن أسكت لأي كلام منه إن حاول الضغط عليَّ، لماذا يريد جعلها له وحده؟ الاستئثار بها لنفسه، الأمر واضح أمامي، يحبها، للسذج القائلين هي في ربع عمره وهو لها كأب أقول: في أي سن يتوقف الرجال عن العشق؟

هؤلاء الكبار تحديداً، يحبون النساء الأصغر سنّاً، تعيدهم سنوات للوراء، يرتدون لسنوات الفوران الأول.

لا أعرف ماذا قالت له تحديداً، ولكن أيّاً ما كان؛ هو لا يدينني بشيء. وصل حيث جلس الرجل: يعتقد نفسه ملك المكان. فكر سيد بينه وبين ذاته.

براد الشاي كما هو دائماً، فوق البربخ في دورة لا تنتهي، جاهز للشاربين، ربما لعيد أو جمال أو لأي أحد يمر صدفة، يقولون إنه يصنع بيده كوب شاي لا مثيل له، يرجع لهم توازن العقول بعدما شوشتها الشمس والأوامر، يصعد بينما عماد ينتظره ليأخذ السلم بدروه

في النزول لاستلام الأسبوعية.. فكر في مشاكسته ولكنه عاد وتراجع فلم يجد في عقله متسعاً لذلك.

يشوي كوز ذرة لطفل ينادي، يرى الرجل ينظر إلى الجمع هناك، يشعر أنه يبحث بينهم عن زهرة، يتجنب النظر إلى حجرة صاحب المصنع، بدون أن ينظر يعرف أن الجميع هناك متزاحمون، وحده نور من يبقى مكانه، يشعر بغيرة تجتاحه، كيف تكونت تلك الهالة حوله؟

لا يرى مبررا ظاهراً يجعله مُطاعاً ومسموع الكلمة.. الفيصل في النزاعات والمعارك الصغيرة. يراجع الأسبوعية لمن لا يعرف الحساب، يمنح الحكمة لمن يطلبها، يواسي الحزانى. يحمي زهرة من الجميع. لكن يرغب سيد في العصيان، إظهار المعارضة، توصيل رسالة مفادها أنه لا يخشاه.

- اليوم يوم الراحة وأريد الذهاب للبيت.

يعبث في أزرار قميصه الممزق من أماكن عدة:

- اقعد. قالها نور وهو يغسل الأكواب من بقايا المرة الفائتة، فجلس وهو يمرر يده على شعر ذقنه النابت، منتظراً كيف ستكون كلمة البدء.

- صلِّ على النبي يا سيد.. أنت تعرف أن زهرة متزوجة وتحفظ حق زوجها وبيته.

- زواج مع إيقاف التنفيذ.

- يقولون إنك عاشرت بنات الإنس والجن، وما زلت تشتهي زهرة. ومد إليه يده بكوب الشاي.

- مَن مِنَّا يملك توجيه روحه ويأمرها إلى أين يجب أن تسير؟

وضع نور مزيداً من السكر في كوبه بعدما شعر بالشاي مرّاً على لسانه وقال:

ـ أمسك عليك قلبك وإلا سيكون لي معك فعل آخر.

نظر سيد إلى فوهة المدخنة العالية، التي تبعث بالدخان والصهد وتنهد ثم قال:

ـ ليس منا من هو غير قادر على الفعل أو به ضعف بالتفكير.

أخذ نور من كوبه بصوت مسموع وقال:

ـ لا تملك أن تسكت مشاعرك وتهدد رجلاً لا يخاف.

قام سيد ونفض ما علق ببنطاله إثر الجلوس مع نور:

ـ شكراً على الشاي يا معلم نور، فهو عظيم كما هو دائماً. قالها واستدار ليمشي.

أحس نور بالغضب يكتسحه كحمى، يفكر فيما إن كان يقصد كلامه فعلا أم أنه كلام غضب.

في الأيام التالية تابعه جيداً، بدا أن كل شيء يسير طبيعيّاً وهو يرص حائط الطوب الأخضر، ثم يوصل بعضه ببعض من فوق، ولا يترك إلا فتحات صغيرة، يكمل مساعده ردم كل هذا بالرمل والتراب. كل هذا لم يجعل نور مطمئناً، بل فكر أنها ربما أيام، أيام يقضيها ويموت.

فكر أن يكلم الحاج حسن، ويقترح عليه أن أحدهما ـهو أو سيدـ يترك الفرن، ولكن على افتراض أن الحاج قال لخالد، ونشر خالد الأمر؛ هل سيبدو حينها خائفاً من شاب في سن أولاده؟

صحيح أنه ليس لديه سوى مريم، ولكن لو تزوج منذ بلوغه سن الرشد، لكان لديه الآن أكبر من سيد، ينظر إليه ويفكر أن حياته كلها تتوقف على هذا الشاب العصبي ذي السواعد القوية.

ـ كله مكتوب. قالها لنفسه حاسماً أمر الكلام مع صاحب المصنع.

يحاول أن يدع الأمر يمر، ولا يشغل عقله بشيء، ولكنه يضبط نفسه محدقاً في العالم.. يعيد تأمله.

يحتضن مريم أطول في كل مرة يصل للبيت في عزبة البرج، ينظر لها وهي نائمة وهو آتٍ في الصباح، صار أكثر هدوءاً مما هو عليه أصلاً.

تكلم معه الأسطى (عيد) والموضب وزهرة.. سأله كل من له كلام معه، إن كان يعاني من شيء؟ إن كانت مريم بخير؟ يرد:

ـ اللي عاوزه ربنا هيكون.

8

بني صالح التي تعشق الفقد أكثر من حرصها على الحياة،
تنجب الكثير من الأولاد ثم تمنحهم للموت السهل في معارك لا
تنتهي، لأسباب متنوعة منها الفراغ، ولدغات العقارب والثعابين
وعض الكلاب، والتيتانوس والبلهارسيا والعراك مع نفسها ومع
الغرباء! لدرجة أن أهل القرى المجاورة لها، أرجعوها إلى اسمها
القديم بني مجنون.

في صباح كل سبت، تدفع بني صالح بأولادها إلى كل بقاع
الأرض.. من مزارع الزيتون التي تخص قادة سابقين بالجيش،
إلى مصانع الطوب في طول البلاد وعرضها، والمطاعم،
والمصانع، كل المصانع. يرجعون الخميس منهكين، يستريحون
قليلاً ثم يعاودون الرحيل.

البعض يفضل البقاء بعيداً عن بلد يبدو متصحِّراً من الداخل،
تصحر يطول فيصيب البيوت والقلوب، لا مصدر للعيش، ولا تنمية،
كأنما نسيتهم البلد/ الأم، بل تتهمهم بالعنف بسبب خانة العنوان في
بطاقاتهم الشخصية حتى لو لم يفعلوا. قديماً كانت تكفي حجرة بالبيت

أو فوق الأسطح للزواج، الآن يرفض البنات، ويملن أكثر للاستقلال، لذا يعمل الرجال من أجل امرأة يستدفئون بها في الشتاءات، وتكنس وترش أمام البيت لتهدئ حر الصيف، عندما يمكثون بالعاصمة يختارون أو تختارهم الأماكن الأكثر فقراً، ووسط الصخب وطنين الأذنين، يتملكهم الحنين لجلسات المصاطب، ودعوات الأمهات في الصباح، لكنهم يمكثون وهم يشعرون بالغربة، يأتون يجرون في كل مرة مولوداً جديداً في الأعياد والمناسبات الخاصة كالموت والزواج، تصير لهجتهم مختلفة لا مط فيها للحروف مثلنا، وعيون أولادهم تملؤها الدهشة عندما نقبلهم بصوت مسموع.

ربما تقسو عليهم المدينة بشدة، يمرضون بأمراض المدينة مثل السرطان الذي لا نعرفه هنا، لأن من يصابون به هنا يموتون قبل أن نعي نحن ذلك، أو أمراض ضغط الدم الناتج عن الخوف من انحراف البنات في تلك المدن، التي لا تعبأ لفروق العادات.

كثيراً ما تقسو المدينة على بني صالح، أقصاها مرتان أورثتا لكثيرين أوجاعاً أبدية بالقلب، مرة حينما انهار الجبل فوق رؤوس قاطنيه في الدويقة بعد احتضانه لهم سنيناً، يسكنون في حجرات صغيرة بحمامات يتشاركون فيها، يخرجون في الصباح لأعمالهم غالباً بحرف يدوية في أحياء القاهرة، تقابلهم أكوام القمامة التي يفرزها أطفال صغار يتبادلون السب والسجائر، يصعدون في شقوق الجبل حتى الطريق الأسفلتي لركوب السيارات. يعودون مجهدين من نفس الشقوق وهم يشعرون بهشاشة الصخور التي تتفتت تحت أرجلهم.

الجبل يئن منذ البدء في مشروع حكومي في الجانب الآخر، يشعرون بما يشبه الزلزال تحتهم، فيخرجون من حجراتهم مسرعين، ينظرون أسفلهم فيجدون القاهرة مضيئة وهادئة ولا أحد هناك يشعر بوجودهم بالعالم، يتبادلون النظرات ويعودون للنوم.

كأنما بركان يحدث في العالم القديم، انهارت صخور كثيرة ومتتابعة فوق رؤوسهم، لدرجة أنه لم يتسنَّ لهم حتى التفكير في الهروب، لكل واحد منهم حجره الممهور باسمه منذ أن كان نطفة في بطن أمه في إحدى عزب بني صالح، ماتوا في أماكنهم متشبثين بالأطفال وأمل كاذب في النجاة.

رجع هؤلاء المغتربون من أجل الرزق في أكفان الصدقة.. بني صالح تتجمع في مسجدها الكبير، ترسل لجلب النعوش من المساجد البعيدة، يرصونهم أمامهم ويصلون، ثم يحملونهم في ركب كبير، تبكي بني صالح كما لم تبكِ من قبل، مشهد النعوش يزلزل أشد قلوب الرجال قسوة، ولكن بني صالح تنسى وتعود لصراعاتها اليومية من أجل مياه الري والحدود الفاصلة بين البيوت والحقول.

تضرب المدينة بني صالح في قلبها مرة أخرى، عندما مات مروان وأصحابه.

تحت ضغط حبه للمداحين سمَّاه أبوه مروان وذلك بعد زهرة، حبّاً في القصة الشعبية عن اليتيمين زهرة ومروان.

مروان المولع بما يقدمه التلفزيون من مسلسلات يحفظ الكثير

من الحوارات، ينطق اسم الحاج حسن مثلما كانت تنطق ممثلة تؤدي دورَ أمريكية:

- مستر هاج هاسن.

فيضحك من يقف قريباً منه.

يحب أخته، يدفع عنها الأعين، عندما تكون سيئة المزاج يكرر لها جُملاً باللهجة الصعيدية لتضحك، يحلم دائماً بأن يشتري تلفزيون آخر غير الذي تركه أبوه، أكبر حجماً وأجمل ألواناً.

عندما طالبت زهرة بحقها بالبيت لم يغضب منها كما يفعل الإخوة الرجال عادة، بل نشر خبر رغبته في بيع البيت. باعا وأخذ كل منهما حقه، اختارت هي أن تأخذ الكاسيت وأخذ هو التلفزيون، اشترى بيتاً في عزبة الحلفا، ليكون قريباً من أصدقائه وعمله في المصنع.

في العزبة لن تجد طرقاً معبدة، ولا يحلم أحد أن تكون كذلك يوماً، هنا من المعتاد أن تجد أطفالاً بنصف ملابسهم يلعبون، يُوّلدون الكلاب أو يعذبون القطط الصغيرة، التي لم تستطع الهرب، يستحمون في البحر، الذي يلقون فيه فضلاتهم، بجوار جثث الحيوانات النافقة، ويخرجون، يقارنون طول أعضائهم وهم يضحكون، يذهبون للمصنع للتخفي لشرب السجائر، سواء تلك الحقيقية أو التي صنعوها من بعر الحمير أو شواشي كيزان الذرة، يسعلون حتى يعتادوا، يعانون أمراضاً مزمنة بالصدر جراء الدخان والتراب. حوائط البيوت تعلوها المياه في الشتاء، تجف تاركة وراءها ملحاً متشكلاً بأشكال عجائبية لا يهتمون بتأملها.

تخجل القرية من إرسال بناتها للعمل بالمصنع، ويظل آباء عزبة الحلفا بالعمل حتى تأتي لحظة الحظ، ويقدم الآباء البنات عن رضا تام للعجائز الأثرياء من الأجانب، تتعجب من هؤلاء الرجال، كيف تخطوا كل هذه الجغرافيا وجاءونا؟ حيث الشوك وروث البهائم، الذي يلتصق بأسفل أحذيتهم.. هنا حيث تجارة البنات والمخدرات.. كيف لم تفزعهم الفئران التي تجري وسط البوص ولا الناموس الرابض فوق الرؤوس؟ كيف جلسوا على تلك الحُصر، التي لا تمنع المازوت من الخروج؟

يأتون في الليل، دائما في الليل، مشمرين أطراف ثيابهم كأنهم سَيخطون في الماء، يدفعون المتفق عليه، ويأخذون البنات في سيارات تركوها على جانب الأسفلت، وبعدها غالباً ما يترك الأب العزبة، ويسكن غرب البحر بعيداً قدر ماله عن سواد المصنع.

عندما يجلس مروان مع أصدقائه ليلاً على بقايا الطوب الأبيض، الذي بنيت به أغلب البيوت الجديدة بالعزبة، يتبادلون حكي قصص الأفلام ومغامرات البنات، يذكر بعضهم أن الحاج حسن خبّأ هنا سرقته جيداً؛ كل ليلة في ضوء عمود النور الشحيح معتمداً على أنفه فقط، فعبر الرائحة في ظلمات الحجرة، يرفع الألحفة القديمة وعلب السمن الفارغة، والجلباب القديم، ويرفع أغطية الأواني ويتحسس سطح السمن بأطراف أصابعه.

سنوات وهو يمرن نفسه على الصبر، وإمعاناً في التمويه غاب لفترة وعاد، بدأ في البيع والشراء؛ بيع الذهب وشرائه، كل ما تمناه

يوماً.. جنينة واسعة بفيلا قديمة، وحصان، ومصنع الطوب ومحبة الرجال وخشيتهم.

مروان يسمي كل المحيطين به بأسماء من عنده، يرى أنها تليق بهم أكثر، يستوحيها من المسلسلات والقصص التي يسمعها، أما عن المصنع فيسميه (قارة جهنم)، يشعر أن هذا الاسم يلائم ما يلاقيه العاملون من تعب، سمع الاسم مرة من رجل بدوي يصنع الشاي على شط البحيرة، إنه مكان ما في الصحراء، حار وذو تربة حمراء، قُرب مكان آخر يسمى وادي المساخيط، بعدما هدأت دهشته من كونه يعيش في نفس المحافظة التي يتحدث عنها الرجل ولا يدري شيئاً عما يقول، قرر أن يُخلص الاسم مما علق به من رمل الصحراء، ويجعله خاصّاً بمصنع الطوب.

الحاج الذي يستشعر أنه بشكل ما؛ يصنع ثورة سرية، تستقطب بعض الصبيان والبنات الصغار، أرسل إليه مِن حجرته مَن يخبره أن الحاج يريده، صعد إلى الحجرة في عدة قفزات، ووقف أمام الحاج، لم يَدْعُهُ للجلوس وقال له في غضب:

ـ أتعتقد أني أجهل ما تقوله وسط العيال؟ أنا متعلم أيام كانت الوزارة تسمى التربية والتعليم. لم يرد مروان فأكمل: أتعرف لو عملت مثل ما تتصور وحولت المصنع للعمل بالماكينات ماذا سيحصل؟ نصفكم سيقعد في البيت.

هدأ وأعاد تشكيل جسده في وضعية جديدة، وانتظر أن يقول مروان شيئاً، ولكن مروان كان في وضع الغضب الذي يفقدك القدرة على الكلام.

ـ أما بالنسبة للبنات الصغيرات؛ أنت تعلم أن منهن من يجلس أبوها بلا عمل وهي سبب استمرار البيت مفتوحاً، من الواضح أنه ليس لديك ما تقوله، لذا أرجو أن تعمل في هدوء كباقي الرجال وإلا فالمصنع بلا أبواب.

أقسم مروان أمام زهرة إنه سيترك المصنع ولن يعود، وسيسافر مع من يسافرون للعمل في مصانع ضواحي القاهرة، فهناك المصانع غير المصانع، الأجور غير تلك الهزيلة. رَجَتْهُ كثيراً أن يعدل عن رأيه ولكنه أصر.

المسافرون لحلوان يتجمعون فجر السبت ويعودون في مغرب الخميس، حينها تكون زهرة قد جهزت العشاء، واستحمت وحمّمت حنين وجلست تسرح لها شعرها وتضع فيه التوكة البلاستيك ذات البروز الذي على شكل ديك، يدخل مروان فيبدو لزهرة متعباً، يقبل البنت الصغيرة ويسألها عن حالها فتسأله عن حاله، ولا يود الحكي عما هناك، تتأمله وهو يأكل، تراه يزداد نحافة وسمرة، تُرجع ذلك للغربة التي يعانيها في السفر.

يترك ما جاء به من نقوده معها، لتحتفظ به لوقت الاحتياج في حالة استكمال البيت أو البدء في مشروع الزواج، ويذهب للسهر مع الأصدقاء القدامى في عزبة الحلفا، ليس لديه أب يخشي غضبه أو بنات يخاف من تطلع العيون إليهن، لذا صار بيته مكاناً للسهر، ربما أخرجوا التلفزيون أمام البيت وبدءُوا في صنع الشاي، أو جلس يحكي لهم أفلاماً شاهدها بسينما عبد الحميد أو توقع لهم نهاية المسلسلات.

يصرون ككل مرة؛ أن يغني لهم من قصة زهرة ومروان، التي حَفظها منذ أن كان طفلاً عندما شعر بسعادة أبيه، وجعله يرددها أمام أصحابه فيصفقون له ويقبلونه. يغني جزءاً من القصة، مثل قصة مروان مع اللصوص، ويضحكون.. يختتم بقوله: ”والله أبي دماغه كانت فاضية“ ولكن في داخله ـ ربما من كثرة تكراره لها ـ صار يشعر بالتماهي مع بطل القصة، إنها سيرة ذاتية أخرى له، وينتظر بشعور خفي، لا يستبين له نفس النهايات السعيدة كما في الحكاية.

يقومون مع بدء قرآن الفجر الآتي من مسجد المغربي، ينفضون ملابسهم مما علق بها من قش الأرز، الذي تنشره الريح من المصنع إلى عموم العزبة.

يلملم بعد رحيلهم أكواب الشاي والغلاية، يبقى على الأرض قشر اللب والفول السوداني وأعقاب سجائرهم، يرقد على سريره المرتجل، يسمع صوت الأذان، يتذكر الله تعالى، يدعوه أن يحفظ زهرة من الوقوع في الخطأ.

يقوم من نومه على صوت القرآن من المسجد، تمهيداً لصلاة الجمعة، يستحم ويخرج ليلبس جلبابه الأبيض وساعته (الجوفيال).. ذهبية وتعكس أشعة الشمس، يضع مثبتاً لشعره وعطراً رخيصاً، اشتراه مرة من ميدان السواقي وادخره وسط ملابسه لأيام الجُمع، إنه يوم تنعكس فيه روحه من الأسود، ورائحة المازوت وسماع السباب؛ إلى الأبيض واشتمام العطور وسماع كلمات الله تعالى.

يذهب للمسجد وبعد الصلاة يقف أمامه ليسلم على الناس، ثم يعود لمشاهدة التلفزيون القديم، أو يقرأ في تلك الروايات ذات الأغلفة المهترئة؛ والتي يخبئها لأنه يشعر بالخجل لو رأوه يقرأ. ينام ليقوم مبكراً فجرَ السبت لبدء دورة جديدة.

تبقى أخته حزينة، تفكر فيه وهي تستشعر حنيناً قاتلاً في قلبها، حتى أتى يوم خميس ولم يأت مروان. لا هو ولا أحد ممن معه، واشتعل القلق في القلوب، وجاءت الأخبار بموت جماعي على الطرق السريعة على مداخل القاهرة.

مرة ثانية يجمع الحزن قلوب بني صالح، تصرخ النساء، يبكي الرجال، وأطفال يشعرون بتيه وسط سيقان الكبار، حيث لا أحد ينتبه لهم، أو يمسك أيديهم.

الموتى كانوا كثيرين وجاءوا على دفعات، مرة ثانية ترسل بني صالح طلباً لجمع النعوش من كل مساجد القرية والعزب المجاورة، (زهرة) أصابها الإعياء من كثرة البكاء ولم يعد لديها المزيد من الماء؛ يحوله جسدها إلى دموع، تقترب منها حنين فتجلسها على حجرها، تتكلم البنت فلا ترد، تتململ فتبعدها عنها بوضعها على الأرض.

خرجوا معاً من مسجد واحد بعد صلاة ظهر، في يوم حار، جرت زهرة وراء النعش فمنعها الرجال فجلست تحت حائط المسجد تبكي.

في الصباح، جلست للنسوة الملتفات بالسواد على الحصر أمام البيت بأعين لا يبدو عليها طعم النوم، وأخبرتهن أن (مروان) جاءها

ونادى عليها فيما يشبه المنام، ولكنها موقنة أنه حي هناك في قبره، أرجَعَ من سمع ذلك لشدة تعلقها بأخيها وحزنها عليه، وللنساء مذاهب في التعبير عن الفقد، ولكنها في الصباح التالي أخبرتهم بتكرار الحلم ذاته، لم يستجبن لها سوى بالدموع، فهربت منهم وخرجت تجري، وعندما وصلت للمقابر التي كانت تراها من الخارج فقط في ذهابها للمصنع، أرهبها الصمت، شعرت بالخوف، وفي أثرها مِن الرجال مَن أرجعها غصباً، وفي نومها المتقطع جاءها للمرة الأخيرة التي ستراه فيها في نومها، وعاتبها وهو حزين لأنها تركته وحيداً بعدما كانت بجواره، وهنا أيقظت البيت في الفجر، بصريخ كصريخها عند الخبر المشئوم، وأقنعت تشنجاتها الرجال بإحضار أدوات الحفر والذهاب، وحفروا ليجدوا مروان ميتاً خارج الكفن، مقرفصاً أمام حديد الباب.

(مروان) لم يَحيَ، بل مات مرتين، لم يترك روح أخته، بقي في عقلها ولم يترك مكاناً للتفكير. تخرج في نوبات حزنها والجنون، تشتم المارة في الشوارع والعائدين من الحقول.

ذهبت عافيتها القديمة، وغارت عيناها وأحاط بها السواد، يناديها الناس وهي لا ترد، لو ردت ستباشرهم بالسباب.

أخذها النساء إلى مقام (حابس الوحش)، وضعت إصبعها في فتحة الحجر الذي بالمقام، فأسقطتها سيدة أرضاً وهي تقول: ياللي رميت الوحش، ارمي قيد وحش حبيبك، فتدحرجت حتى أسفل المنحدر، ثم قامت فصرخت ثم زغردت ثم بكت ثم هدأت، منعت ذات السيدة النساء من تنظيف ثوبها من التراب وما علق به من أعشاب الأرض،

وقالت فيما قالت؛ إنه تراب الشيخ المبارك، فرجعت وقد صارت قادرة على استكمال الحياة.

9

على صوت قرآن الفجر المنبعث من مكبرات الصوت فوق المساجد، يستيقظ سيد كالآخرين، يبدأون تجهيز أنفسهم ليوم جديد، بشرب شاي، أو الصلاة أو تفقد الأبناء، ينسلون إلى المصنع كل له دربه، تقوم الكلاب من الظلمة، تنبحهم وعندما ترى هدوءهم تعود للنوم، يصلي الفجر أحياناً، يشعره ذلك بسكينة في القلب، ينوي أن يستمر بالصلاة، لكنه في وسط عمله بالمصنع، ينسى قرارات كثيرة اتخذها ليلاً.

يبدأ في المشي من أمام الفيلات الجديدة. الأثرياء الجدد، كلهم وقعوا في الأسلوب المعماري ذاته، فبدلاً من السرايا القديمة ذات النوافذ التي تكفي لمرور رجل دون أن يحني رأسه، وأشجار مانجو تحيط بها؛ اختار هؤلاء بيوتاً ذات قباب، تحيط بها أشجار الفيكس غزيرة الورق، يفكر: إنها تجارة الآثار الرائجة، لا أحد يغتني هنا إلا لو حفر تحت الأرض كدودة! يسير بمحاذاة السور الحجري، ينتهي بحديد شكله الحداد كأزهار اللوتس، من خلاله يتمرد الياسمين ويطل خارجاً، ينظر إلى الداخل فيرى المقاعد المصنوعة من جريد النخيل،

وبقايا توثق كيف كانت ليلة الساهرين، يبدأ بالسير في سكة الطاحونة، الأرض تنحدر بقوة لدرجة يتخيل معها أنه سينكفئ على وجهه باتجاه الأرض، فيرفع رأسه ليتوازن ثقل جسده، يرى مدخنة المصنع ظاهرة من وراء البيوت، من خلفها مكان شروق الشمس، سحاب أحمر يذوب ببطء، يعود بنظره للطريق فيرى أحجار الطاحونة المستهلكة، مستديرة كالرحى القديمة التي كانت ملقاة بإهمال ببيت جدته، بعدما بدأ الناس في الذهاب إلى الطاحونة التي تديرها المياه فوق الهدار، الآن أُهملت أيضاً، صارت مجرد بقايا خشبية تسكنها طحالب البحر.

يحاذي المقابر، فيترحم على أبيه (ساداتي) الذي عانى كثيراً في عمله في المصنع، حيث كان يعمل في تقليب الطين، وعانى حتى النهاية وهو يذهب للمستشفى العام ثلاث مرات أسبوعيّاً، ينتظر دوره في جلسات الغسيل الكلوي، أكثر ما شغل باله وقتها أن أباه لا يتبول كما يفعل الناس، بل يتجمع ماء جسده داخله، ينتفخ وجهه، ويفقد القدرة على التنفس حتى يجلسوه على ماكينة الغسيل. يترك المقابر وراءه ويتجه يساراً، يقابله الفراغ الكبير، متسع من المكان والصخب يسمعه بوضوح أكثر كلما اقترب.

يدخل الحمام تحت حجرة الحاج حسن، يلف المسمار المنثني على نفسه كي يغلق الباب، اللمبة الكهربائية ترسل في تراخٍ ضوءها الأصفر.

يجد عدة أعقاب للسجائر لمن جلس قبله، يقضي حاجته الصباحية ويتذكر أباه مرة أخرى وهو يرى ماء بوله ينساب أمامه ثم يعود

للفتحة التي تحته. يقف ويغير ملابسه بملابس العمل، يقترب من الفرن. يرى نور جالساً، يفكر داخله في هذا الرجل الذي لا ينام كباقي خلق الله تعالى.

يدخل الفرن، كل شيء حوله أحمر، يذكره هذا بنار الله، ويذكره بالنساء كذلك، صدق عيد إذ قال إن لون حيطان الفرن في المصنع تذكر المؤمنين بجهنم، وتذكر الفاجرين بالنساء، تتداعى الأفكار في عقله فيتذكر زهرة، هذه الوردة النابتة وسط النار، وسط كل هذا الشوك.

تدرب منذ بلغ سن اشتهاء النساء على حب أجسادهن وضعفهن، فما لزهرة اخترقت حاجز الروح واستقرت.

أفكار تباغته، تدهشه من نفسه؛ أن يخطفها، أن يصنع لها سحراً، أن يقتلها ويستريح، جنون محض لا يخطر على عقول الرجال. وستأتي هي بعد بضع دقائق تدخل من أحد أبواب الفرن المقوسة وتقوم بطلي الطين، كأنه على عقله لا الجدار.. مؤكد أن حرارة الفرن أثرت بشكل ما؛ على عقله، يفكر في تَرْك العمل، لكنه عَمِلَ في البناء وتَرَكه والزراعة وكَرِهَها، تدرج في العمل بالمصنع صغيراً، حتى تعلم ممن سبقوه كيف يبني حوائط الطوب الأخضر قوية تتحمل سير الحرّيق فوقها، مخلخلة تتخللها نار المازوت كي لا يخرج الطوب غير مستوٍ. يحبّ عمله ويعامل الطوب كالأطفال، يكون ليناً كعجين الخبز، إذا وُضِع بشكل خاطئ تعرض للالتواء، وإذا زادت ناره احترق، وإذا قلَّت خرج قابلاً للكسر.

ينتهي من رص الحيطان؛ ما يكفي لبدء دورة جديدة، فيشير للموضب.. صانعا حركة بيده، إذ تمر إحدى يديه فوق الأخرى بسرعة كعلامة على الانتهاء، فيأمر الموضب (أم حنين) بوضع السدة، تطليه بالطين لتعزل منطقة الحرق عن باقي الفرن، عندما تنتهي ستشير للموضب؛ الذي سيذهب حتى مكان جلوس عم نور، ويخبره ليبدأ في فتح الصنابير ويشعل النار.

يراها صاعدة لأعلى حتى نور، لا يستطيع تحمل ناره الخاصة، يحاول الهرب من تأثيرها عليه، يذهب ليمشي قليلاً، يقابل بنات المصنع الصغيرات، أو نساء يجتازون بالصدفة، يلقي كلماته التي يكررها كثيراً بقصد الاصطياد.

ينظر إلى أعلى، يجد أن الحاج ينظر إليه، يعرف أنه يسبه في عقله، يرد عليه في عقله، في حوار خفي. يردد لنفسه بأن مجرد جلوسه بالأعلى لا يجعله أفضل منه، لأنه يسكن في فيلا تحيط بها أشجار المانجو، لأنه اشترى حصاناً، أو لأن له زوجتين، فسيرته معروفة، صارت حكاية شعبية، لها رواة ومستمعون، من القاع إلى السماء، من شخص غريب لا يدعوه أحد إلى فرح أو عزاء، إلى رجل جعل له المال أحباء وأصحاباً، غنى سريع لا يحدث إلا بالسبل الحرام، ولكنه المال، أصلحه، توقف على التدخين والحقد، ولم تَعُد قعدة المقاهي لائقة به، كفّ عن الخمور، لأنها تذكره بماضٍ يود لو نسيه، حج البيت وطلب من الله تعالى أن يغفر ما تقدم من ذنبه، ويتكلم عن رغبته في الحج ثانية، ربما لمحو ما ارتكب من أخطاء بعد الحجة

الأولى، يذبح عجلاً في الأعياد، منح الناس أرضاً، تكفي لبناء مصلى صغير، سموه باسمه لَمّا اكتمل تشييده على نفقة أهل الله تعالى.

ربما ذهب إلى المنشر حيث (علي) يرص الطوب للشمس كما يفعل هو للنار، المرشح أن يتولى مكانه إن هو رحل من هنا، لا يجد في قلبه محبة، ولكن في عقليهما متشابهات؛ حب النساء والمخدرات، يذهبان معاً إلى أم كريمة.. يجلسان على كَراسٍ من طوب محروق، متهامسيْن بآخر أخبار الليل، الأفلام التي شاهدوها مؤخراً، تفاصيل أجساد النساء اللائي قابلوهن، وطريقتهن في الحب، عندما تضع السيدة أمامهما أطباق الفول والخبز، يسكتان ثم يعاودان الكلام.

قديماً قبل مجيء زهرة، كان عندما يحاول البوح حقّاً يصعد إلى البغلة، يصنع له عم نور الشاي ويتركه يخرج مرارات الدنيا مع دخان سجائره، يتكلم ـ وعيناه هناك أعلى عند فوهة الدخان ـ عن رغبته في السفر، محاولته صنع شيء لأخته التي يرفض عرسانها لعدم امتلاكه ما يجهزها به للزواج، عما يرى في عينيها من عتاب وجوع للخروج من هنا؛ وهي تعيد غلق الباب وراءه كل فجر، وكيف أنه يتصنع عدم الملاحظة، يخشى عليها ومنها، يدللها أحياناً وهو من داخله؛ كمن يرجو منها أن تتحمل.

لكنه الآن لا يجالس الرجل، ولا يصعد إليه. مؤخرا سار أكثر غضباً وسكوتاً، يزعق في مساعده إن دار القالب في الهواء قبل أن يصل إلى يده، يرفض دعوات الآخرين في الصحبة في الإفطار والشاي، يتخطى أم حنين وهي جالسة بالطين ويلقي هامساً كلمته

الملغمة بالمعاني (نزور الشيخ)؛ مصطلح خفي يكنّي به الرصيص عن مكان التقائه بالنساء سرّاً.

يأتي في وقت التقاء الليل بالنهار، حيث لا تتضح تفاصيل وجوه المارين للبعيدين العاملين في الحقول. يمشي على الحدود الفاصلة بين الحقول، لا يلقي التحية على أحد، يمر من فوق الجنابية، فيها يلعب سمك كثير غريب، ولها يأتي محبو الصيد القادمون من بلاد أخرى، على حوافها تنبت الحلفاء والحبق وتطير عروسة البحر.

على قنطرة مصنوعة من جذوع النخيل المفلوق طولياً، يسير فوق سكة الغجر، الحد الفاصل بين هذا البلد والبلاد التي تليه، عائلات كانت في حرب معه قديماً لأسباب تتعلق بالماء والحد بين الحقول والنساء، أيامَ كان اللصوص يستطيعون السرقة تحت تهديد الليل والسلاح، وأخذ البهائم عبر الصحراء حتى بني سويف، مارّين من مخبئهم السري المسمى فج الجاموس، نسيت تلك المعارك لدرجة أنها الآن مجرد أساطير، فلا أحد من الرجال يمكنه المشي متمنطقاً سلاحه، أو يسحب بهيمة أو امرأة ويمشي في وضح النهار، الطريق تراب ناعم.. يتعفر بمجرد المشي عليه، يمررن يحملن صغارهن فوق ظهورهن، يصفرن للنعاج والحمير، تتدلى الخُلقان من أنوفهن، لا يكلمن أحداً ولا يلقين التحية، لم يُر رجل معهن أبداً. كان يطاردهن صغير وهو يصيح:

ـ شيخة العرب.. شيخة العرب.

يتجاهلنه، يرى عندما يمكنه النظر وشوماً كثيرة على وجوههن وأيديهن، يقترب من المقام، تتاح له رؤية بيت قديم، يسمع الآخرين

يقولون إنه استراحة للملك فاروق، محاط بأشجار الكافور والسيسبان، من ورائه نخل كثير، يرى وهو في المصنع الشمس تشرق من عنده، كبيرة وجميلة، تصغر وتقوى كلما ارتفعت عن شواشي النخيل ثم تصير شريرة وغير قابلة للرؤية.

اقترب منه مرة، رأى رسماً لسيدة، يعلو النوافذ والأبواب الضخمة، نجوم وأهلة على الحوائط، شروخه تطل منها السحالي والأبراص ضخمة، حكى لعيد الذي تعجب من ذهابه هناك.. لأن جنية تسكنه منذ الأزل! هي التي طردت الباشا التركي الذي سكن المكان يوماً.

يحكي أنه كان مكاناً لتصوير أفلام عدة، يحفظ أسماءها، يوم كانت بني صالح كبستان يجذب المنتجين لتصوير الأفلام في الحقول وسرايات العُمد، لا ينظر لها الآن حيث تمتلئ شوارعها بالقمامة، وبحرها بجثث الحيوانات النافقة، حتى هذا المصنع نفسه؛ كان مكاناً لتصوير فيلم (الموسيقار الحزين) الذي لم يُعرَض، لا نعرف لماذا. ويخبره بعضاً مما حدث أثناء التصوير، كأنما كان موجوداً، كالاستعانة بفلاح وزوجته لتصوير مشهد اغتصاب في الحقل، فليس لفاتن حمامة أن تنام على الأرض والحصى، أو أن تلقي بنفسها في النهر.

يخطو وسط الحلفاء والبردي.. يقترب من المقام أكثر، يسمع طنين نحل، هوام لا يراها تصطدم بوجهه، يزيح الباب من الحلقة الحديدية ويدخل.. يجفل الحمام الذي يطير من ناحية لأخرى في فراغ القبة..

سمع أنه لا يأكله أحد ولا يُوَكِّلُه أحد.. حاولوا ذبحه مرات ولكنه بعد طهيه يكتسي ريشاً ويطير، فكفوا عن المحاولة! الضريح المترب فوقه مصحف قديم.. معلق في أوله مناديل بكل لون، على السقف المستدير رسومات غرائبية وأسطورية مثل سيدة عارية الصدر تقدم نذراً، رجل يركب جملاً ورأس الجمل على شكل رأس رجل بشارب ولحية.. شجرة كبيرة أطرافها شمعدانات، حمام بأعين بشرية وغيرها من رسوم عجيبة. هذا كله لا يشغل بال سيد، فهو يعتقد أن مَن رسم هذا ما هو إلا رجل كان مشوش الوعي، أسرف مرة في شرب العرقي، وجاء إلى هنا ومارس هوايته في الرسم.

في الحواف مصطبة مستديرة لضيوف الشيخ.. يرقد فوقها المرضى وذوو الحاجات، يحلمون بالشفاء وسد الحاجات.. لمسة من الشيخ تذهب تعبه، الآن لم يعد يأتيه أحد.. صار منذ زمن بلا زوار أو مريدين، كف هو عن إظهار كراماته منذ سنين، بعد عصور من المجد، حيث يأتي المتبركون من جميع النواحي على الحمير أو سيراً على الأقدام، حينها كان يحرس القرية، فيمسك اللصوص حتى الصباح، ويخيف العفاريت المتنكرة في هيئة كلاب سوداء، كي تخيف الصيادين العائدين ليلاً.

يفرش مصطبته التي منحت الهدوء والسكينة لعدد لا يحصى من الناس، على مر سنوات ليتخذها سريراً.

ولأنه يعشق ضعف المرأة ويسعده إحساسها بالتقوِّي به، فإنه يخبرها بأن ما يدور بقلق في فراغ المقام؛ خفافيش من النوع الذي

يلتصق بوجه البشر ولا يتركهم إلا بالطبل البلدي والمزمار! فتلتصق به أكثر بفعل الخوف والرغبة.

يأخذ البنات للبكر معاملة غير معاملة التي تزوجت.. هو من الخبرة بحيث يستمتع ولا يوقع ذاته في حفرهن، يكبرن قليلاً ويتزوجن فيتركن المصنع، ربما يقابلنه بعد ذلك ـ غالباً لا ينظرن إليه- يجررن أولادهن وراءهن، وإذا نظرن لا يطلن، ربما بان لهن وقتها بشكل أوضح، أنه مجرد رجل عابر، رجل ماكر يغرر بالبنات الصغيرات.

في الأيام التي بلا مغامرة، يجلس عصراً، يستمع إلى العربي فرحان البلبيسي من الكاسيت، وفي المغرب إلى قصة ''أبو زيد'' في محطة شمال الصعيد.

كان يحب الأفراح، يحب مشاهدة الراقصات وشرب البانجو بالمجان، أيّاً كانت المسافات والبرد؛ يذهب إليها، سواء في العزب التي تنتمي إلى بني صالح، أو القرى التي تليها، يمر على علي، أو يذهب وحيداً لو تكاسل صاحبه، يفرح إن وجد مغنياً حقيقيّاً مثل بيومي المرجاوي، الذي يعشق طلته، وجلبابه البلدي وساعته والخاتم الذي في يده، والبنات اللواتي في معيته، خصوصاً وهو يغني:

ـ (عايز تتفسح راح اجيلك، موتوسيكل معايا ومتمون...)

الآن صار يفضل المكوث في البيت، فزهرة جعلته يرى كل النساء قبيحات إلا هي، أما عن بياض شعر رأسه رغم سنه؛ قال عيد إنه ذهب للشيخ بانتظار إحدى النساء ولكنها لم تأت، بل أتت متمثلة في صورتها جنية، كانت قد عشقته، ونام معها وهو مندهش كيف لتلك

المرأة كل هذه القدرة على فهم كيفية الإمتاع،

وفي نهايته، حيث أمال جسده للوراء وعوى كذئب.. أعلنت هي عن هويتها! فقام فزعاً يواري سوءته وقد اشتعل رأسه بالبياض دفعة واحدة.

وأما عن ولعه بزهرة، فهو نفسه يحتار في نفسه! يتمنى الخلاص؛ ولا يعرف كيفيته. يعشق بجانب وجهها؛ حالة الضعف تلك، الناتجة عن موت جميع الذين تهتم بهم، حزنها المعتق، يفهم على نحو ما تسمية ابنتها بحنين، حنين إلى الراحة، لرجل وبيت.

وأما عن بنائه حائطاً واهياً، يعرف أنه سينهار بمجرد مرور نور عليه، فهو لم يخطط له، بل كان فعلاً وليد اللحظة.. بمجرد أن لاحظ نظرات زهرة، التي تحمل معنى الرضا تليها نظرتها لنور؛ التي تحمل معنى الخوف؛ وقتها قرر إنهاء الأمر.

10

أتت الحكومة وأخذت العُمدة وأبناءه، لإجبارهم على توقيع التنازل عن أراضيهم وتوزيعها على الفلاحين.

كانت الصورة لم تتضح بعد، لا يعرف أحد لماذا غاب الكبار، لأول مرة يشعرون أنهم بلا أسياد، الآن يمكنهم المرور من أمام المنازل الكبيرة ركوباً، وليسوا مُضْطَرِّين للنزول من على حميرهم!

طال الغياب.. الخفر المنوط بهم حفظ النظام هم أول من فكر.. لِمَ لا يدخلون ليتفحصوا الداخل.. بدأ الأمر كفضول.. لكن بالداخل همسوا لأنفسهم أن لا ضرر سيحدث إن أكلوا هذا الطعام الذي سيفسد.. ثم ذهب الفكر للنسوة الجالسات بالبيت، فأخذوا لهم ما يبهروهن به.. تسرب الأمر.. آخرون ذهبوا للتطلع.

كل الأشياء هنا تغري بالأخذ.. من الذي يستطيع مقاومة الحلي؟ هناك من عرف طريقه مباشراً نحو الزرائب.. أبراج الحمام.. جنائن أشجار البرتقال والتفاح.

الأطفال تخاطفوا زهور الورد الملون بالسحر، تلك الورود التي

يدهسونها بأقدامهم الآن؛ كانوا يستأذنون الخفر ليأخذوا بعضها.. ليزينوا به مجلس كل عروس تُزَفّ.

حتى الأشياء التي لا يعرفون فيما سيستخدمونها ـ أخذوها ـ كرؤوس الذئاب المحنطة والثعالب التي تم تثبيتها بتفريغ بطنها وحشوها ملحاً، وقواقع بحرية وهياكل أسماك السبيط، وعطور ومنافض للسجائر، وأحواض أسماك الزينة كسروها، وأخذوا السمك وفي نيتهم شَيُّه وأكله.

اتسع نطاق السطو، فشمل الكثير من تلك المنازل التي ظلت سنيناً مصدراً للغموض وإثارة خيالهم والحسد، عندما يلتفون حول مواقد النار في الشتاء.

وعاد المحبوسون، رجع العُمد إلى بيوتهم بعدما مكثوا أياماً في محبسهم المفاجئ، بعدما وقعوا هناك على التنازلات عن أراضيهم الواسعة، أيام كابوسية لم يتوقعوها أبداً.

هالهم كمّ النهب، الفلل شبه خربة، حتى ممن يُناط بهم حفظها، ولكن المهابة لا تذهب بين يوم وليلة، لذا أرسلوا الخفراء ليأتوا بالرجال إلا من هرب منهم، عبر فج الجاموس.. ربطوهم إلى النخيل وأشجار الوحواح أمام العُمدية.. وضربوهم بعصي الزيتون.. وللرجال قدرات في التحمل، منهم من أقر بسرقته ومنهم من صمد للنهاية في إنكاره.

كانوا غاضبين من الناس والنظام، فبنوا أسواراً عالية بينهم وبين العالم الخارجي، لم يعودوا للتدخّل في أفراحهم أو مشاكلهم، صنعوا

خزائن سرية في الأرض خوفاً من حبس آخر، أو هجوم آخر من هؤلاء الرعاع.

مات الآباء وفي قلوبهم حسرة، وكره لناصر والجيش، ولكن الأجيال الجديدة تداركوا الوضع، استعادوا توازنهم وعرفوا إلى أين يجب أن يكون الطريق، جهزوا أولادهم لغرسهم في الجيش والشرطة، وانقلب كرههم القديم إلى حب لدرجة الوله.

كان صداماً واحداً مع السلطة، وعادوا متماهين فيها، يتهيئون دوماً لمقاعد مجلس الشعب، متعاطفين مع الحاكم أيّاً كان. يتكررون بفروق بسيطة في كل البلاد، مُلاك قدامى؛ بقايا عز قديم، بيوت كبيرة ذات أعمدة صفراء ومتصدعة، منهم الضباط والمستشارون.

توج النظام هذا التصالح بإرجاع الأرض التي أخذها ناصر لهم مرة أخرى، عادت الأرض إلى العمدة بقرار من الحكومة، بعد أن حرم منها أبوه وجده، ماتوا وهم يشعرون بالكمد. ترك من هم عليها من الفلاحين كما هم.. فقط رفع قيمة الإيجار بما يتناسب والعصر، وترك بعض جنائن المانجو في الخمارة لنفسه بلا إيجار.

يجب أن يظهر أمامهم بين الحين والآخر، وإلا عادوا للاعتقاد القديم؛ بأنها أرضهم للأبد.

لدى البرنس خزانة سرية، ورثها عن أبيه، تركت له أمه ما ملكته يوماً من ذهب وعقود، لا يعلم أحد مكانها سواه. وعندما أتى السنهوري إلى حياته وأحس بالأمان معه، علم أنه يقاوم بدأب محاولات استدراجه

للبوح بخصوصياته، والتي تصل إلى حدود التفاهة مثل كيفية قضاء حاجته، وعدد الكؤوس التي يشرب حتى يصل للسكر.

كان حسن مع الناس وعلى المقهى وأمام بيته وفي مواجهة مدخنة المصنع غير حسن مع الرجل القعيد.. حيث يبدو مخلصاً ومحبّاً، مع أن الجميع يراه أنانيّاً يلعب دوماً على من يدفع المشاريب.

وثق فيه. جعله يأخذه إلى هناك، حيث حمله كطفل، أعطاه البرنس المفتاح المربوط إلى رقبته وقال له: افتح، ففتح. هاله البريق.

قال البرنس: أنا في انتظار أن يفعل الطب شيئاً في حالتي، حينها سأقول لك اذهب وبعه في حي الصاغة، لأقف على قدمي، حينها ستكون أخي كأخوة الأب والأم.

حسن كمن رأى جسد امرأة عارية للمرة الأولى، حيث الصورة تلتصق بوعيه وتلح عليه وترفض الوقوع في اللاوعي، لتظهر بعد ذلك في الأحلام.

لعدد لا نهائي من المرات، يتذكر المشهد، في كل مرة تحضره تفاصيل جديدة، عقد يلمع، خاتم يكاد يضيء.

لم يستطع الاحتمال، أثقل له العيارَ في الشرب، ذهب به لشقة الفيوم، عاد به وهو لا يكاد يتنفس.. ذهب حيث المكان، رفع السجادة القديمة المحروقة من عدة أماكن بفعل أعقاب السجائر، رفع عدة بلاطات سمراء، تناثر رمل دقيق على الأرض كالنمل، نظر له الذئب المحنط على الحائط بغيظ، لم يبال، ملأ جواله من الخزنة، ومشى حيث بيته المصنوع من كسر الطوب، وضع الذهب في أوان،

وصب فوقها السمن السائل المحضر من قبل، جلس يدخن ليمنحه وقتا أكثر، يشاهده وهو يتجمد ويصير أبيض لا يشف، وقف أمام الباب ونظر لمدخنة المصنع العالية، تمطى وعاد نفس الليلة، ولكنه هو نفسه لم يعد ذات الرجل.

لاحظ البرنس تغييراً ما؛ في أسلوبه وطريقته، فكر وشك وأمره بجلب الحشيش، وعندما خرج زحف حتى حفرته السرية وفتح، أحس بألم مضن أسفل القلب.

عاد حسن محاولاً أن يبدو عاديّاً، قال له:

ـ سرقتني وقد أمَّنتك يا حسن؟

وداس بأسنانه على أسنانه.

ـ الحي أبقى من الميت، وأنت ميت، وأنا لم أولد بعد.

فدمعت عين الرجل القعيد:

ـ فعلا ميت مشلول، وأولاد عم كارهون، ينتظرون موتي، والآن صرت فقيراً أيضاً.

أشاح له بيده أن يمشي، خرج أياماً مرتقباً ما سيحدث، عاد بعدها بعدة أيام وجده ميتاً في حفرته في وضعية الجلوس.. غارقاً في خمره والبراز.

سحبه حتى سريره، نظفه وسواه، قرأ عليه الفاتحة وترحم، قفل الحفرة وأعاد فرش السجادة القديمة، غطى وجهه بالملاءة، وخرج للشارع وضرب باب أقرب أولاد أعمامه، وأخبرهم بالوفاة وهو يبكي.

<h1 style="text-align:center">11</h1>

الأرض أكلت من أقدامه طبقات وتركت طبقة ميتة وخشنة، سيحكي لك عن نفسه لو اشتريت منه ودعوته لإراحة أقدامه أو لشرب الشاي، يعرف البلاد جميعها منذ أن كان صغيراً، يمشي وراء أبيه في القرى، حيث لم يستطع تركه بعد أن هجرته زوجته وتركت جمالاً طفلاً لم يُجِد الكلام بعد.

أبوه الذي كان يسير ـ تسبقه رائحته وغمامة من الهوام ـ مروجاً لبضاعته من السمك الآتي من بركة قارون، وهو يصيح بصوت مبحوح: البركاوي.. وقشر الأسماك ملتصق على يديه وملابسه، يلمع تحت الشمس. كان أصلع، قصيراً أقرب لقزم، يغطي صلعته من الشمس بقبعة مصنوعة من سعف النخيل، يحمل مقطفاً مصنوعاً من السعف أيضاً، مملوءاً بالسمك، يقطر دوماً على ظهره.

في الفجر يذهب للبركة ليملأ المقطف، يجلس مع الصيادين في قرية شكشوك.. يشربون الشاي والمعسل، ويغني لهم السيرة، وأزجاله التي يبتدعها، بصوته الذي أصابته بحة مزمنة جراء النداء ويصيحون: الله عليك يا أبو جمال يا حلو.

يغني لنفسه إذا لم يجد من يسمعه؛ وهو يجلس على بحر البنات ويصطاد أحياناً.

قديماً كان يلعب على العود في شارع الفوال بجوار مسجد (حميدة غُز)، ولكن واقعيّاً لم يره أحد يمسك عوداً أبداً.

في مقابل غنائه يقدمون له رواياتهم عن جنيات البحيرة؛ اللواتي يخرجن للصيادين ليلاً، وكنوز قارون التي تضيء في القاع البعيد، وعن المساخيط المتحجرة في الشمال.

أما الحكاية التي يرويها عيد عنه، فهي أنه وهو يتمشى في العزب ليلاً؛ بعد أن أنهى بيع سَمَكه كله، مرّ على جماعة وألقى السلام فصاح الرجال: تفضل لتشرب الشاي.

ولأنه منهك جلس، شرب كوب شاي وراء آخر، والرجال يتسامرون حتى نام مكانه، قام الرجال كلُّ منهم إلى بيته وقامت سيدة الدار لِتُدخل الأولاد، الذين ناموا متناثرين حول مجلس الرجال، وبعد أن أدخلتهم جميعاً وقفلت بابها وأسندته إلى نَبُّوت قديم، جلست تتحسس رؤوسهم لتقتل حشرات شعرهم، وحينما قابلها رأس بلا شعر اعتقدت أنها مؤخرة لا رأس، وأنها أنامت الولد بالمقلوب، فقامت لتعدله، فوجدته رأس الرجل الذي يبيع السمك، لم تتمالك نفسها من الصراخ الذي أيقظ الناس، وجاءوا جرياً وقلوبهم تضرب بعنف داخل صدورهم، أزاحوا الباب، ودخلوا، وعندما وجدوا السّماك نائماً في وضعية الجلوس، يحاول فتح عينيه، غير مستوعب ما يحدث، امتصوا صدمتهم الأولى، ضحك طفل صغير فضحكوا

جميعاً، ردد بعضهم وهو يضرب كفّاً بكف:

ـ لا حول ولا قوة إلا بالله، نام الرجل وسط العيال من ثقل التعب.

يضحك جمال نفسه عندما يسمع القصة، رغم أنه يشكك في صحتها، فلم يذكرها أبوه رغم كثرة ما يحكي له.

ظل هكذا سنين حتى تم تصريف فضلات المصانع إلى البحيرة، فمرض السمك ومات، فأصابه العجز فجأة، وعانى من داءٍ ما بالقلب، يخفف عن نفسه بأن يذهب ويجلس مع الصيادين الذين أصبحوا بلا عمل مثله، لمجرد تبادل الأسمار والأغنيات.

لكنَّ الصيادين المدفوعين بالحاجة، بحثوا عن البدائل ووجدوا أن أفضلها السفر للعمل في الصيد في أسوان البعيدة. يعودون كل مرة محملين بأنواع عجيبة من الأسماك وحكايات عن الوفرة التي لم يروا مثلها هنا، ولكن كان ختام حكاياتهم يوم خميس في طريقهم للعودة، وصله خبر موتهم الجماعي في حادث سير، الحادث كان من البشاعة، بحيث كتبت عنه جرائد العاصمة.

ظل يذكرهم ويتذكر حكايتهم حتى مات. ترك له ـ تحديداً أسفل سريره ـ كتباً كثيرة صفراء ومهترئة في السحر والتفاسير والسير الشعبية، وحب الأغاني والأزجال وحفظ الحكايات، وقناعة أن الغناء طريق لإعادة لملمة الهموم عن القلب، تمهيداً لإلقائها في البحر، وأنه لغة للجميع؛ لغة تكسر الحواجز وتصنع الألفة.

جمال الذي تمرد على مهنة الأب ورائحة السمك، جرب العمل في إصلاح بواجير الجاز، أو أن يلحم أواني الألمنيوم والنحاس القديم، أو

أن يعمل مُناولاً بمصنع الطوب، ولكنه اكتشف في نفسه أنه صار لا يطيق المكوث في المكان ذاته لأيام متتالية.

افتقد المسير وما فيه تجدد لوجوه النساء، ودلالهن من أجل إنقاص الثمن، تهافت الأطفال عليه أو بكاؤهم لو رفض الأهل منحهم مالاً للشراء، فرجع للمشي، ولكن رجع له وهو يحمل أشياءه الخاصة.

في الصباح يبيع لطلبة المدرسة البطاطا المشوية في فرن متحرك فوق عربة يجرها حمار عجوز، وفى الظهيرة يمر بعربة الدندرمة، داعياً إلى بضاعته بالنفخ في بُوق معدني، وفي الليل يمر بالقرى صائحاً بصوت ممطوط: ترمس بيضحك.

يحب الناس، يلف في القرى، يراها كلها متشابهة، بيوتاً كبيته، مستواها أدنى من مستوى السكك، وقت المطر تمتلئ بالماء، وبأوراق القمامة وقت اشتداد الريح، أبواب مدهونة بالسواد إثر طبقات من تراكمات دخان.. يخف من تلك المنطقة التي يمسكونها منها.. عليها أرقام بالأحمر والأخضر من سنوات خلت، لشركة المياه وهيئة تعداد السكان وحملات التطعيم ضد شلل الأطفال.. أيدي الأطفال المرسومة بدم الأضاحي.. فوق لمباتها الصفراء قطعة صاج لحمايتها وقت المطر.

ينفتح الباب فيصير الداخل مكشوفاً أمام الواقف، السواد هو السيد، سواد المصانع ونيران شتاءات متكررة ولمبات الفتيل وفرن الخبيز، مصطبة الطين كسرير و«بُكلة» الماء ندية وباردة تجلس على حجر

«المَزْيَر»، تدخل عصافير لتشرب منه وتطير عند أول إحساس بالخطر، حصير من البردي محترق من نواحٍ شتى، حلة الأكل مغطاة وفوق الغطاء حجر، كي لا تزيحه القطط أو الكلاب.

تترك الدهليز وتدخل فيقابلك السلم الحجري للمقعد الأعلى، في السطح أشياء لم تعد مُستخدمة ولكن لا أحد يجرؤ على رميها، ملاعق صدئة عليها رسم سنابل قمح، أوتاد لربط البهائم، مناجل للحصيد.

في مشيه يطلب الماء من أي بنت، وإن جاع يأكل في أي بيت، يشرب الشاي مع أي أحد. يجلسه الحَرِّيقُ أحياناً ويصنع له الشاي، يرتجل الأغاني ويقول الأزجال ويحكي حكايات الأبطال القدامى.

تزوج وصار له أبناء، مشوا وراءه طويلاً، كما مشى هو وراء أبيه، حتى حفظوا الدروب كلها، يبيعون مثله ليلاً؛ الذرة المشوية والخس للمتسامرين أمام البيوت، وفي الأعياد يحملون على أكتافهم سطلاً به زجاجات «الكولا» وقطع من الثلج لا تتوقف عن الذوبان، لكنه ما زال مصرّاً على العمل.

يوم الخميس يأتي إلى المصنع.. حيث تسري في الجميع رغبة في الانتهاء السريع والضحك.. شراء شيء ما غير ضروري كاللب والترمس. يهمس للرجال أن الخس مُقَوٍّ جنسي، فيضحكون، لكنهم يشترونه لأنه عندما يضغطون عليه بأضراسهم يسيل ماءً يرطب الفم ويبل الريق، يصعد لعم نور ليمنحه بعضاً مما يحمل، يرد اليد الممدودة إليه بالمقابل، لكنه يقبل في رضا سيجارة وكوباً من الشاي، يقول في امتنان:

ـ شايك ياعم نور يذهب الصداع والدوخة.

وإن كان الجو معتدلاً والمزاج يسمح، يسمعه عم نور مقاطع من الأغاني التي يحفظها؛ أجزاء من سيرة أبي زيد الهلالي أو الظاهر بيبرس. وعندما تصعد زهرة، يراها قادمة، بيضاء يجعل حرّ الفرن وجهها أكثر ميلا للاحمرار، عرق يلمع، تمسح بابتسامتها الغبار الذي علق بالروح، فيغني مطلع سيرة زهرة ومروان كما يغنيها في الشرائط المسجلة (أحمد مجاهد) والتي منها جاء اسمها:

نبينا يا زين نبينا يا زين

يا أبو ورد مفتح على الخدين

يا رب اوعدني أنا مشتاق

أحج البيت وأزور الحرمين.

تبتسم فيغني مزيداً من الأغاني للجمال.

نور يعرف أنه كان صديقاً لأبيها، حكى له شذرات عنها، وهي طفلة تلعب بين أيدي الرجال.

يراه أكثر إبداعاً في وجودها فلا يحاول إسكاته. ربما غنى المزيد من الحكاية، تسمع زهرة وتتمثل دور الضحية، موت الأب واليتم، بُعد الأخ والتيه في الحياة، تبكي داخلها، ربما طفرت دمعة غصباً فمسحتها بطرف الطرحة.

هذا الخميس كان قادماً من بعيد، يجر حماره ويحمل ترمساً بحجره ويغني، وهو مستعد للبيع، ولصعود البغلة. عندما رآهم يجرون -فشيء ما في صريخ النساء- لمس وتر خوفه، فصراخ النساء ارتبط في عقله دائما بالموت والحرائق، جرى وهو لا يعلم لماذا، مع التطلع لأعلى،

أحس بقلبه يقع أسفل قدميه، فك عقدة يده فانزاح الترمس وتبعثر فوق قطع الطوب وروث الحمير.

ترك حماره وجرى مثلهم، وعندما وصل منعه رجال من الصعود، سمع من الذين وصلوا قبله عن سقوط الحَرِّيق، فجلس يبكي وهو الذي لم يبك في حياته إلا قليلاً. وانتظر هدوء الفرن للملمة عظام الصديق.

12

في الفجر يرفع النبوت الذي تصر أمه ـ كعادة قديمة ـ على وضعه خلف الباب كي لا يُفتح من الخارج؛ باب من الخشب القديم، يجب أن يحني رأسه وهو يمر من خلاله، لارتفاع في الطريق وهبوط البيت في الأرض، على الباب أثر أيدٍ طرقته، تمساح صدئ؛ بطنه كرة من حديد، يطرقها القادمون كي يخرج لهم من بالداخل، ودم الأضاحي وترقيم وزارة الصحة وهيئة التعداد، وبالداخل لم يعد سواه وأمه وجدة عجوز لا تكف عن الندب لشعور قاتل بالوحدة، يسكنها بعد أن رحل أحبابها.

يخرج، يسير في سكة البرج على مهل، يشتم رائحة الفل ومسك الليل الذي يتخطى أسوار السرايات القديمة، ينصت لهديل الحمام في أبراجه، يأخذ يساره ليبدأ بالسير في الدرب الضيق، حيث تكاد البيوت تطبق عليه من الجانبين، يسمع ترتيبات النساء لليوم الجديد، إيقاظ الأبناء والأزواج للعمل أو المدارس، خروجهن للأسواق.

يضرب الهواء البارد المتبقي من الليل زينة لرمضانات مضت.. هناك ملصقات دعائية لمندوبي الشعب في البرلمان، رسمت على

واجهات بيوت الذين أكملوا أركان الإسلام الخمس، في شكل طائراتٍ وجِمال.

ينتهي الدرب الضيق فتقابله شجرة اللبخ العملاقة، ينزل في منحدر البحر؛ الذي ينتهي بالمُعدِّيَة المصنوعة من جذوع النخل، على جانبي البحر نباتات كثيرة لا يعرف لها أسماء.

يدخل فراغ المصنع، يجد شخصاً ما في الحمام، ينظر إلى الآخر الخاص بالحاج؛ المُغلق بقفل صغير، حمام إفرنجي بقعدة للجلوس، فالرجل الذي أهلكه السكر وزيادة الوزن، لم تعد قدماه تستطيعان حمله.

يخرج مَن بالداخل ويلقي التحية، يرد باقتضاب، لا يحب الاحتكاك بالآخرين، فقط ينتقي لنفسه من يحدثهم، لهذا يجده الكثيرون ثقيل دم. ولد بعزبة العبيد، سكنها قديماً أفراد سُمر البشرة ومنغلقون على أنفسهم، كانوا قائمين بالأعمال التي لا يجيدها الفلاحون، مثل ختان البنات والعلاج بالكي وخزم الحمير بالمخيط المحمّر بالنار، وصنع الحنة للعرائس.. سكن أبوه في تلك البيوت الوطيئة في المتسع وراء السرايا القديمة، تم منحه هذه الأرض لخدمته المخلصة للعُمد في رعاية الأرض والبهائم.

أمه التي لا تكف عن الكلام عن بناتها المتزوجات، تمنحهم معاشها القليل، تختص زوج الصغرى بالدعاء والدموع، يدعى عليّاً أيضاً، لذا اختلط على الناس الأمر، وهي تذهب صباح كل جمعة إلى مقام الشيخ العراقي وتدعو لعلي بصوت مرتفع، ثم تذهب تاركة حلة الفول

النابت لعابري السبيل أو لضيوف الشيخ، أكد لهم وهو يتهمها بالجنون والجهل أنها تقصد علي نسيبها لا هو، ولكن لا أحد يقتنع بذلك.

الحكاية كانت طازجة ولا سبيل أمامه أن يُكذّب عيداً، فجمع من الناس رأوه هو وأمه يعودان من سكة الغجر، يتبادلان العراك بصوت عال، ففي صباح يوم جمعة سبقها ورقد أسفل أغطية الضريح. ودخلت هي، عرت رأسها ودعت:

- والنبي يا شيخ ترزق ”علي“، يا شيخ لا تنسَ ”علي“!

فصاح علي من مكانه:

ـ أنت يا ست.

فاهتزت بعنف في مكانها:

ـ نعم يا سيدنا نعم، نعم يا خوي.

كاد يضحك ولكنه أكمل:

ـ علي مَن تحديداً؟

ـ نتجمع في الروضة الشريفة نلبي دعاء الناس ولا نعرف ”علي“ مَن، هل هو علي ابنك؟

ردت هي باستجداء:

- لا يا شيخ.. علي زوج الغلبانة، علي زوج المسكينة. فخرج ودلق حلة النابت وذهب غاضباً، وهي وراءه تتوعده بعذابات من الشيخ تلاحقه طوال حياته، ويرد هو:

ـ فعلاً الشيخ عذبني وجعلني أعمل في مصنع الطوب.

القصة رغم طرافتها لا تضحكه ويكره من يذكره بها، حتى عيد

نفسه لم يعد يكررها أمامه. ذهب سنتين للعمل بالسعودية وعاد بقناعة مفادها أنهم يستحقون أن يكونوا أسياداً ونحن نستحق ما نحن عليه.

يجلس في المساء أمام الباب يدخن الجوزة، التي صنعها بنفسه من عود غاب رفيع وبرطمان للمُرَبَّى، يمسك قطع الخشب المشتعل بيديه مجردة، بعدما ماتت طبقتها العليا نتيجة رص الطوب في المنشر، يستمع إلى الأغاني الحزينة، حيث الأقرب إلى قلبه أغنية: (كتاب حياتي يا عين ما شفت زيه كتاب...).

في مساء الخميس يكون أكثر ابتهاجاً، فعل ما يفعل أغلبهم، يذهبون لدكان الأسطي شعبان يحلقون رؤوسهم، أدواته بالكهرباء وللمكان رائحة «كُولونيا» مُعتقة وكريمات الحلاقة، يعلق الكثير من صور النجوم.. يحب وردة، ويعلق على رقبتها؛ التي يقول إنها أعظم رقبة في تاريخ النساء، صورة أخرى كانت تعجبه.. امرأة تحلق لحية رجل مكتوب عليها: (ذقن خشنة بين أيدٍ ناعمة).

ربما خاض مغامرة مع سيدة سافر زوجها، أو ذهب مع سيد للأفراح التي بها راقصات - وحينها لن يكف سيد عن الكلام عن زهرة - وقد يركبه الاكتئاب فيجلس ليدخن أمام الباب.

في الصباح سيستحم ويلبس جلبابه الأبيض والغترة التي تغطي شعره الذي بدأ في النحول، ويعتني بشاربه بشكل خاص، ويذهب للصلاة ويطلب من الله تعالى الغفران والرزق، ويعود يستمع إلى الشيوخ على شرائط الكاسيت التي جلبها معه من السفر.

في غير يوم الخميس، ينام بعد المغرب من التعب، وتَحسُّباً للاستيقاظ المبكر.

هذا الخميس، لحظة سقوط الحَرِّيق في النار، جرى كالجميع فقابله سيد، نظر في وجهه ففهم فوقف ولم يكمل.

13

متأنّق كما يليق برجل يعمل مُوَضّباً مكانه فوق رؤوس الرجال، يبدو مظهره مغايراً للجو العام للمصنع، ربما يعلق تراب أحمر بجلبابه، ولكنه اعتاد أن يدخل يديه في فتحتيه ويهزهما بعنف ليسقط ما علق به.

يعتني بشاربه الضخم كعادة أصيلة من أيام الترحال، يعدل دائماً طرفي الكوفية على كتفيه كفعل لا إرادي.

أبو صدام (حسين الشافعي)، الذي سافر إلى العراق بعدما مات أبوه مبكراً بداء الكبد، بقي طويلاً، يحلو له في جلسة الشاي فوق البغلة رواية ذكرياته هناك.. حيث أحب رئيس البلاد وقائدها، ربما همجيته والعنترية التي تفتقدها البلاد ذات المعاهدات والمساعدات الخارجية، يراه كرجل ليل ولكن بشكل مختلف، كم أحب رجال الليل والسفاحين وقطاع الطرق وتتبع سيرهم.

أبو صدام الذي جاب العراق ثم عاد يحكي عن كرم الرئيس، وعن الدعم الذي يشمل كل شيء حتى النساء والخمر، لكم كان يحب المصريين.

115

ولم يستطع التعبير عن امتنانه بأكثر من أن يسمي ابنه الأول بصدام، انتشر وصادق وصار مشهوراً بسبب تسميته لابنه هذه.

رجع مُرغماً في حكاية ليست مفضلة عنده، فهو يفضل عنها حكايات النساء الذين أتوا من كل البلاد، ويعرفن جيداً فنون الحب، وحكايته الأثيرة عن رؤيته بعينه الزعيم يمشي في الشوارع هكذا؛ وسط الناس وليس عبر وسيط أثيري.

أما عن حكاية عودته فقالها مرة واحدة، وللحَرِّيق منفرداً، بانتظار فورة براد الشاي فوق فوهة النار، يقاطعه أحياناً طفل ينادي:

- ياعم الحَرِّيق اشوي لي الكوز.

يأخذه عم نور منهم، يشبكه في سلك معدني من السلوك التي تربط بآلات قش الأرز، ينزله للحظة في الفتحة ويخرجه مشويّاً بالكامل.

قال: إنه كان يقود سيارته للنقل ويسمع الأغاني العراقية، يقاوم نوماً قاهراً، لاحظ كما يشبه الخيال أن سيارة تأتي مسرعة تقطع طريقه، اختل توازنه وحاول الانحراف بعيداً، لكنه لم يستطع تجنب الصدام، ظل لعدة ثوانٍ يجرفها أمامه، حتى توقف تاركاً خيطاً طويلاً محفوراً في الأسفلت.

نزل وتلفت حوله، المارة قليلون، كانا شابين أحدهما مات بالفعل والآخر ما يزال يقاوم، رائحة الكحول تفوح من ملابسهما وشظايا الزجاج بكل مكان.

أشار لسيارة نقل تمر.. فتوقفت. أمره الرجل بالركوب بالخلف مخافة تلويث الكابينة الأمامية. رفع الميت وألقاه كيفما اتفق. الحي

116

عامله بلطف ووضع رأسه على حجره ظنّاً أن هذا يساعده على التنفس، سعل الشاب ففاحت من فمه رائحة الخمر أكثر، وحاول فتح عينيه.. تمتم ببضع كلمات لم يفهمها هو، وطوح بيديه في الهواء كأنما يتشبث بشيء غير مرئي.. حاول مراراً حتى التفت يداه حول عنق (أبو صدام) وبدأ في العَصر، تفاجأ الرجل وحاول المقاومة ولكن الشاب أودع كل الباقي له من الحياة فيهما، وخنق، فبدأ أبو صدام في خنق الشاب أيضاً، وظهرا كرجلين من عصور ما قبل الحضارة، يتقاتلان من أجل الحياة؛ من أجل آخر قطرة ماء، آخر نفس، آخر امرأة، وآخر قبس من نار!

هذا يضغط وهذا يزيد، أحس أبو صدام أن عينيه خرجتا من رأسه، أوشك على الاستسلام، لكن ارتخاء يدي الشاب، جعله يأخذ نفساً طويلاً ويسعل، ألقاه من حجره ووقف يمسح ماء عينيه وأنفه.

وفي ثوانٍ أخذ قراره وقفز تاركاً السيارة، تدحرج على الرمال وقام مشعثاً، مسح أنفه وفمه وعاد إلى مسكنه ليلاً.. صباحاً أنهى إجراءاته في وقت قصير، وغادر آسفاً غير آمل في العودة.

مرت سنوات العز، هناك.. حتى الخمر يتم دعمه، والنساء تُعرض في فتارين، والمرتبات بالدولار وليس بالجنيهات القزمة هذه، التي تشبه الكلاب الأرمنت!

يتابع باهتمام نشرة التاسعة، ليعرف أخبّار العراق، يرى رجله المفضل وهو يجادل ويدافع، ممتلئ بالثقة والهيبة كما هو حاله دائماً.

لعن السياسة عندما وقفت مصر ضد صدام، يسمع أسماء المدن العراقية ويتذكر أيامه فيها.

قال وهو يرى الصواريخ تنطلق متتابعة كالأفاعي في الهواء:

ـ كم من قرى هنا بنيت من خير تلك المدن.

عندما رأى موت الرجل رفض التصديق، شعر أنه سيخرج من مكان ما، ويعلن استمرار حربه ضد (الأمريكان)، لم يخرج لصلاة العيد ولا شارك أبناءه في الذبح وسلخ الأضحية، خلع جلبابه الأبيض وجلس بالصديري والسروال، يعض بأسنان فكه الأسفل على شاربه واجماً.

لا يستساغ أن رجلاً كهذا، عاش في عالمنا ومات مشنوقاً، أيام صارت الآن حُلماً وقصصا للحكي لا تصدقها الأجيال الجديدة.

هو الآن المسؤول عن هؤلاء، يلبس جلباباً نظيفاً، وحذاء يأتي به وهو يلمع، يضع عطراً يكون واضحاً في الصباح، ويختفي مع انبعاث الدخان، يتنقل من مكان لآخر في هدوء وثقة، يجيد كل الأدوار، يمكنه العمل في أي مرحلة، لكنه لن يضطر لذلك، ما دامت الأمور تمشي كما يريد، له سُلطة تبديل الأماكن، عربجي مكان آخر ومناول مكان عجان.

يراقبهم.. يحفظ طبائعهم، كما يحفظ أسماءهم، يعرف أن معظمهم تمت تسميته تحت تأثير الإعجاب بالمسلسلات الإذاعية والحكايات الشعبية ومحبة الآباء الراحلين، تفوح منهم رائحة العرق، يغطي التراب الأحمر، ويعانون جميعاً ألما مزمناً بالظهر.

عينه تتنقل بينهم وتتوقف عند زهرة وهي تسقط باقي غطاء الحائط، الذي احترق وصار هشّاً، لتعيد طليه من جديد، بيضاء وأصول شعرها الضارب للحُمرة ظاهرة، تُصادقها الشمس ولا تُعاديها مثلهم، لا تُسمرها مثلهم بل تجعل بشرتها حمراء كطفلة مدللة، متناثرة فوقها حبات عرق كوحدات عقد، يكرر لذاته في ذاته: سبحانك يا رب.

يعود لمتابعة كل حركة، يبدو للعديدين متعالياً ومعتزلاً، فوق المنطقة الآمنة من البغلة، لكنه في داخله كان يرى أنه لكي يسيطر على كل الأمور، يجب أن يضع حدّاً بينه وبينهم، فتح باب للضحك سيؤثر على سيطرته عليهم. الوحيد الذي تساهل معه قليلاً هو المرحوم مروان، يتمنى أن يكون صدام ابنه مثله، في ذكائه وخفة دمه، كان إذا أحس أنه زاد من الهزر وأن (أبو صدام) سيغضب؛ تكلم بلهجة أهل الصعيد كما جاءت في المسلسلات وقال:

ـ حجك عليَّ يا ابن عمي.. متجفلش معايا امال.

فيبتسم له ويمرر الموقف.

يرى كل شيء، يتابع الصراع الخفي، يتوقع بينه وبين نفسه نهايات ونتائج مختلفة، ليس منها سقوط رجل في النار، لا يعرف لماذا سكت. ربما لأنه بعدما لف البلاد جميعها، عاد بقناعة وحيدة ثابتة ـ وباقي آرائه قابلة للتغيير ـ وهي أن الرجل الذي يترك قلبه للمشي وراء النساء لن يفلح يوماً.

يجد كل يوم دليلاً على ذلك، هذا هو الرجل الذي كان يعمل

له الجميع اعتباراً، رآه يسقط وهو ينظر لزهرة، سقطت طاقية رأسه وعمامته البيضاء، بان جُرح قديم في أول منبت الشعر، يظهر على ملامحه أثر الاحتراق الخفي في الأسفل، ولكنه لا يزال ينظر إلى المرأة!

ولأيام غير قليلة قادمة، سيتذكر لحظة سقوط الرجل، وآخر ما قاله وآخر ما فعله وآخر ضحكة له.. آخر كوب شاي احتسوه معاً.

حزن لطريقة موت الرجل، دعا له بالرحمة وقرأ على روحه فاتحة الكتاب.

14

وهو يشاهد تلفزيونه يوماً؛ رأى مروان في نشرة التاسعة المذيع يتكلم عن طائرة سقطت في المحيط، وأنه بمجرد الوصول للصندوق الأسود ستعرف الأسرار!

وجد عقله تلقائيّاً يفكر في عيد سائق الجرار، جرار أحمر، يجر وراءه مقطورة خضراء عليها كتابات كثيرة بالأبيض، لخطاط ترك توقيعه عن درء الحسد وهموم الأيام، ويظل طوال اليوم ينقل الأخبار، كما ينقل الطوب من الفرن إلى أبعاد العالم الأربعة، ويجعل التباع وراءه يرصه بشكل فني يسميه (مرايات) وليس مجرد رص عاديّ.

لذا أسماه عيد الصندوق الأسود، راج الاسم لفترة من الزمن. وجدوه اسما مناسباً تخيلوه صندوقاً أسود ضخماً، صعب الفتح، وبمجرد فتحه ستظهر كل الأحداث المخبّأة عن كل البيوت على ورق مكتوب بحبر أحمر.

أما عيد نفسه، فيرى أن القصص هي ما تجعله مقبولاً بينهم، ينتظرون في شغف أن يفتح فمه، يعرفون أن فتحَه سيسفر عن قصة ما، بغض النظر عن حقيقتها أو توهمها أو حتى اختلاقها،

121

إلا أنها ستضحكهم.. تسليهم.. تريهم ما وراء عالمهم المشوش بالدخان والأتربة. اتفاق ضمني! ستنبهرون ولكن لا أحد يستفسر في المنتصف أو يشكك أو يطلب إثباتاً، وإلا سكت وقام ومشى وذهبت المتعة معه.

أبوه ـ عم سنوسي ـ كان فلاحاً ارتبط بالأرض والبهائم إلى حد الهوس، يغضب لو اضطر لتغيير طريقه اليومي، إذ يسحب البهائم في الصباح في سكة حقله البعيد، يوثقها في مربطها تحت شجرة التوت العملاقة، ويدخل إلى حوزة الطين، يحب طراوتها ورائحة الأرض المكنوسة والمرشوشة بالماء، يعلق في سقفها جلباب البيت ويبقى بملابسه الداخلية: (كلسون) فوقه صديري ذو أزرار كثيرة وجيب صغير للساعة، يتفقد الزرع ويحش برسيماً للبهائم، يفك منديله ويجلس ليفطر، يشرب من (البُكلة) في كوب ـكان في الأصل عبوة مبيد لديدان القطن والطماطم ـ ثم يجلس على مجرى الماء الذي يمر أمام حقله تحت شجرة التوت، يغسل الأكواب من التفل والسكر، تقترب أسماك صغيرة لترى القادم لها من السطح، تأخذ قضمة ثم تعاود الغوص للأعماق، يصنع الكثير من أكواب الشاي على كانون ارتجله من وضع قطعتي طين جاف متقاربتين، وفي حر القيلولة يدخل إلى الحوزة وينام.

يقوم في العصر يتفقد الحدود الفاصلة بينه وبين جيرانه، مخافة أن يأكلوا من الجسر، يتأكد أن الأحجار مكانها؛ كما هي منذ سنين، تلك الحجارة التي أخذت يوماً كاملاً كي يتم وضعها بشكل يرضي

الجميع، بعد سلسلة من المعارك وصلت في أحايين كثيرة إلى حد الاشتباك المباشر، يمشي وسط الزرع ليقلع أي حشيش غريب كالخبيزة والرجلة التي لم يعد أحد يأكلها الآن، يلقي بها على الجسر لتدهسها أقدام العابرين، والعبور ليس متاحاً للجميع، فإن كنت ممن لا يحبهم أبو عيد فلن تمر ولو كنت قرداً تقفز، يجد في تفقده الكثير من قطع الفخار، أيد وجوانب لأوانٍ عليها آثار يد الفخراني، يأخذها ليلقي بها في البحر.

معروف بضيق صدره وعدم حبه للضحك، وانحناءة ظهره، إلا أنه إذا كان لا يشعر بألم الأذن الوسطى، سيعطيك كل النصائح اللازمة، لتجعل منك فلاحاً وزراعتك لا مثيل لها في الحوض كله، لذا كانت معركته مع المشرفين الزراعيين مشهورة ومثيرة للضحك، ومغرية لإعادة الطرح بأشكال كثيرة من السرد! عيد نفسه قالها مراراً لأصدقاء مقربين.

عيد الذي يخشاه كثيراً، ويتجنب غضبته وهو يحمل معه من الطفولة آثاراً جسدية من ضربه لأسباب مختلفة، مثل نسيه إشعال الروث الجاف ليدخن؛ لطرد الذباب عن الجاموس، أو عدم ذهابه إلى أعلى النهر، ليتفقد المياه، ويعرف هل هناك أحد يسرق منها أثناء السقي، أو أسباب أخرى نسيها عيد الآن ونسيها أبوه بطبيعة الحال، لكنه يحبه ويقدر ما فعله في الحياة، يتأمل قدميه وقد أنهكتهما السنون والتشققات، حتى إنه كان يجلس ليزيل طبقات كاملة جفت وماتت بالمنشار، الذي يقطع به البرسيم للبهائم.

أبوه الذي لم يمرض يوماً، كان إذا أحس بالتعب يطلب التداوي بالماء البارد واللبن منزوع الدسم، ولا يحب الذهاب إلى (الحكما)، إنهم يزيدون الناس مرضاً على مرضهم.

يحكون عنه في شبابه حكايات تثير الانبهار، كيف كان يمشي إلى فيدمين على قدميه ليبيع السمن والجُبن، فإذا لم يجد مشتَرياً كما في موسم الصيام عند النصارى يشربه! مستكثرا حمله مرة أخرى للبيت، أما أبوه نفسه فكان يحلو له أن يحكي عن عبد الناصر، وكيف صار يبكي في جنازة وهمية، تحمل نعش الجامع مع باقي الفلاحين عندما مات، رأى الفرح في أعين العُمد.

هذا الرجل هدّه مرض واحد وغريب، وهو أخذ أرضه منه، عندما جاء القرار الحكومي بإرجاع الأرض لأصحابها، الملاك القدامى، وهو الذي فكر كيف يأخذون ما عاش من أجله سنين. وماذا يعرفون عن الأرض وهم البهوات المرفهون، كان يجف مثل فرع شجرة مال وانكسر.

يجلس القرفصاء بجوار الحائط المواجه للشارع.. ينظر في طيات الظلام التي تتكدس بالخارج منذ أذان المغرب.. واجماً يهابه الجميع.. يخافون حتى الاقتراب من دائرته.. هم فقط بانتظار أمر يصدر منه ولو بالإشارة، طلب شاياً ودخن عدة سجائر.

يد في حجره، ويستند بكوعه إلى ركبته، ويده الأخرى تذهب لفمه وتعود، أغمض عينيه ومال عنقه إلى الجانب الأيسر، وسقطت سيجارته فاخترقت النار طرف جلبابه؛ هكذا فجأة، كأنما أخذته سنة من النوم.

عيد عمل في الحقول وجمع الدود من أوراق القطن، كي لا

يتلف الأشجار، وعمل صبيّاً لسيارات الأجرة، وسائقاً لموتوسيكل للتوصيلات الخاصة ومصانع الطوب، وأدمن الجلوس المسائي على المقاهي ولعب الدومينو والنميمة، حتى أتته فرصة للسفر لليبيا وعاد بعدما أوشك أن ينساه الناس، تعلم التدخين وطريقة عمل أكلة المبكبكة، اشترى جرَّاراً وبدأ العمل عليه.

له سن محير، فلا تعرفه تحديداً، شعر ناعم مصبوغ بالأسود اللامع، يسرحه على الجانب الأيمن، وشارب مُعتَنى به جيداً، وطريقة جاذبة في الحديث، وحبّ متطرف للضحك والحكايات والنساء. ما يثير عجب المحيطين به؛ هو حب النساء لحديثه حتى أكثرهن أخلاقاً.

لا أحد يعرف متى وكيف حصَّل كل هذه الأسرار؛ تاريخ العائلات، طريقة أكل الناس في الأفراح أو حتى في بيوتهم، طريقتهم في التعبير عن الحزن في موت الأحبة، ونومهم وممارستهم لحياتهم الخاصة!

يستمع وهو يقود جراره ـ الذي يجعله يتقلقل في مكانه بشدة، بسبب صعوبة الأرض ووعورة الطرق في الحقول- إلى الأغاني بصوتٍ عالٍ، يحب الجميع ولكن لكل واحد وقته، فيوسف شتا ومكرم المنياوي وقت العمل، حيث يندمج معه السامعون من الفلاحين، وأم كلثوم للمساء، والأغاني الليبية لوقت الحنين لليبيا، حيث سنوات المال والملابس والوفرة.

أما في الصباح وهو خارج للعمل، فيستمع إلى القرآن الكريم، تحديداً؛ سورتا مريم ويوسف، حيث تأخذه مسارات الحكاية أكثر من أي شيء آخر.

بجانب مهاراته في قيادة الجرار؛ سواء كان يجر مقطورة الطوب أو دراسة القمح أو المحراث الحديدي الكبير، تجده أيضاً ماهراً في البيع والشراء والقدرة على الإقناع، لذا يختاره الحاج دوما ليشتري العجول التي تذبح أيام الأعياد في المصنع، وتوزع على العاملين فيه وبعض المساكين خارجه.

عرف اهتمامي وسؤالي عما حدث بالمصنع منذ سنين، فانتهز فرصة مروري من أمام المقهى ونادى عليَّ:

- أستاذ.. يا أستاذ!

ترك شعره للبياض فكبر عدة سنوات دفعة واحدة.

- تعالَ اشرب شاي.

تنحيت إلى جانب الطريق، حتى لا تضرب كتفي الحمير المسرعة، أو أرجل الأطفال اللاعبين.

- اقعد.

جلستُ في الجانب المقابل من الطاولة، تأملني قليلا ثم سأل:

- ماذا تريد؟

فكرت بأن أتصنع عدم الفهم، ولكني اخترت أن أقول له:

- أكتب رواية!

فسأل مرة أخرى:

- ماذا يعجبك فيما حدث؟

ضحكت ولم أرد، سأل للمرة الأخيرة:

ـ لا أريد أن يصل الأمر للحكومة.

فقلت له مبتسماً:

ـ الحكومة لا تقرأ روايات. ظهر على وجهه الارتياح وقال:

ـ تعالَ نتمشى.

وبدأ يحكي...

15

الرصيص اليوم غاضب، بداخله شرخ لا يقل عن شرخ المدخنة القديمة، يرفع رأسه من فوق حائطه الذي لم يكتمل وينظر إليها، كانوا بالبيوت حينما فلقها الزلزال، أتى الحاج مسرعاً يتفقد مصنعه، وعندما رأى المدخنة وقد انفلقت إلى نصفين انقبض قلبه، ولكنه أظهر للناس أن الأمر خير.

صار معروفاً بعشقه، لا بد أن يظهر للناس تماسكه، اليوم لا يرد على أحد، ينثر عن حاجبيه عرقاً مالحاً ولزجاً، يبصق سواداً ثم يعود إلى عمله في رص الطوب الأخضر الآتي من المنشر ملوثاً بسيقان الأرز الجافة.

أمسك بواحدة من تلك السيقان.. جافة وهشة، فركها فتفتتت تحت ضغطة يده، تعجبه الهشاشة، تذكر حينما زمنا فائتاً، حين كان يصطاد عرائس البحر، جميلة وزاهية، يربطها بخيط ويستعبدها، تطير قليلاً فيجذبها، يمسك بأجنحتها فتنسحق تحت إصبعه وتتحول إلى مسحوق ملون. تذكر زهرة، لا يود أن ينظر اليوم لها، قرر الخلاص من تأثيرها ليرتاح. جمعة يجر حماره وهو ينظر لها بشغف، ويتمتم بأغنية لم يسمعها هو.

إنها اليوم أكثر بهاء، أو عِشقه يزيد في صدره، فيغير منظار رؤيته، إنها تنظر إليه، تنظر طويلاً، على غير المعتاد تنظر، ثم تخطف نظرة لموضع وقوف الحَرِّيق، وتعود وتكسر نظرها، تخفضه لأسفل نحو الأرض، لم يكره الحَرِّيق يوماً، ربما كان يحبه ولكنه يقف الآن كالحائط بينه وبين زهرة، هي تريده، يلمح ذلك في صمتها، في عينيها، هو فقط من يقوي قلبها ضده، أو يخوفها منه، ربما لو لم يأت يوماً واحداً ـفقط يوم واحدـ لاستطاع أن يأخذها حيث الحمام الأسطوري يحلق جنباً إلى جنب الحمام البلدي، تمنحك الأجواء الغامضة والأضواء المنكسرة متعة فوق المتعة، سيجعل صوتها يطرد الخفافيش، ويشتاق الشيخ للحياة.

لو لم يأت يوماً واحداً.. فكر مدة ثوانٍ ثم استبعد الفكرة، ثم عاد لها، لو ترك بعض القوالب مخلخلة أكثر مما ينبغي، لن يحدث شيء، فقط سيحترق له بعض إصبع، إنه رجل لا يفشل في فعل شيء، سيقوم وكأن شيئاً لم يحدث، سيستقر ببيته أياماً، ينام قليلاً فهو لا ينام، سيمنحه الحاج راتبه كاملاً، كما يفعل مع من قطّعت السيور أيديهم أو أصابعهم، هو الآن يحترق كله في شوقه لزهرة، فلتحترق بعض أصابع نور في نار الفرن.

حينها سيذهب إليه الحاج ليزوره، ونذهب نحن جميعاً بعده، وهو راقد في فراشه وسيعلم إلى أي مدى يحبه الجميع.

ولكنه عاد وأحس بالخطأ فيما يفكر فيه، وكفّ عن العمل ونظر حوله، كل واحد منهم يجري في مساره الخاص، لا أحد يشعر به،

ضربه حمار جمعة أبو هاشم العربجي برأسه وهو ينفر، زعق للعربجي.. لم يرد عليه، تكاثر العرق على شفتيه فبصق، وعلى عينيه فعصرهما.

ربما هي الشمس؛ توجع رأسه، نظر للسماء، لا سحاب هناك عند فوهة المدخنة، ترى هل هو حر الفرن؟ أم الشوق لزهرة يجتاحه كالحمى؟!

أحس بشوق لجلسة المقهى، لربع قرص من البرشام، نظر فوقه، كان الرجل الأسمر النحيف هناك، عيناه سوداوان تلمعان لدرجة البريق، أسفل حاجبين كثيفين وشارب منمق، نظر للسماء ثانية، سرب طيور مهاجرة يعبر فوق رأسه، تمنى لو يستطيع الطيران فوق الرؤوس، تمنى لو كان يحفظ شيئاً من عدودات أمه الحزينة، ولكنه نسيها الآن، ربما لأن دمعها كان يأخذه أكثر من الكلمات.

تراجع بجسمه قليلا للوراء، وجلس على علبة سمن فارغة، ثم قام ليبدأ دورة جديدة، تنظر إليه، غنى في قلبه متمثلاً بيومي: (الحب جوا القلوب له في العيون إشارات...) بيومي قُتل، طلقة رصاص واحدة اخترقت حاجز القلب واستقرت، كان واقفاً على مسرحه يغني لمحبيه.

سمع صراخ زهرة، رأى جمعة أبو هاشم يجري خارج الفرن، الناس يتركون ما في أيديهم وينظرون حولهم في توتر، ثم جاءوا يجرون، أحس برغبة أن يملأ صدره بهواء غير ساخن. خرج من الفرن، يقابلونه يجرون وهو يمشي في الاتجاه

المعاكس لهم. يسألونه:

ـ ماذا حدث يا أسطى سيد؟

لا يرد..

فكر بأن يذهب للبيت، وفكر في إمكان احتساء بعض من العرقي ينسيه أين هو، أقدامه تأخذه إلى المنشر حيث علي هناك، ربما تكلم قليلاً معه، قليلاً ليتخفف مما في قلبه، رأى عليّاً قادماً نحوه فتوقف. وصل علي إلى حيث يقف، عادَا معاً وجلسَا على الطوب الأخضر الذي ما زال طيناً، انسحق أسفلهم فغاصَا فيه، لم ينظر أحدهما إلى الآخر، ولم يحاولا الكلام.

www.ingramcontent.com/pod-product-compliance
Lightning Source LLC
Chambersburg PA
CBHW071522150726
48000CB00002B/646